반야심경통석(般若心經通釋)

학담 풀어씀

큰수레총서 26

경전읽기 · 넷째권

반야심경통석

般若心經通釋

학담 풀어씀

큰수레

□ 반야심경통석을 발간하며

『반야심경(般若心經)』은 경의 이름이 나타내고 있는 그대로 반야부 경전 가운데 핵심[心; hṛdaya]이 되는 경으로 동아시아 불교권에서 의례(儀禮)에 늘 지송되는 경전이다. 그러나 경전이 나타내는 실천적 지향[宗趣]을 바로 알기는 어렵다.

필자는 30대에 선원생활 도중 금산사 화엄학림(華嚴學林)에서 강의할 기회가 있어 처음 『반야심경』을 '현수법장법사(賢首法藏法師)의 약소(略疏)'로 공부하고 강설하여 그 해석서를 발간한 바 있다.

현수법장소(賢首法藏疏) 우리말 해석서의 발간으로 필자는 선교교판(禪敎敎判)의 경직성으로부터 스스로를 놓아버릴 수 있게 되었고, 암증선(暗證禪)의 함정에서 벗어날 수 있었다.

그러나 현수스님의 해석의 틀 안에서 경전을 다시 풀이하다 보니, 현수소가 안고 있는 번쇄함과 난해함의 허물에서 자유로울 수 없었다.

또한 나의 나이 40대 초반 경전을 발간할 당시의 시대 흐름에 맞춰 인문·사회과학적 용어를 채용해 경의 뜻을 풀이하다 보니, 반야의 종지에 이끄는 경전의 뜻이 오히려 크게 제약되는 느낌이 들었다.

그 뒤 현수소를 수정 발간하였지만 늘 해석에 대한 나의 '만족하지 못함[不滿意]'이 마음에 짐이 되었다.

종로 대승사 생활을 정리하고 양평 유명산(楊平 有明山)으로 도량을 이전하며 기존해석에서 자유롭게 『반야심경』의 종취를 펼칠

원력을 세웠다. 그러면서 걸망지고 제방을 다닐 때 바랑에 번역해 가지고 다녔던 『달마선사의 심경송(達摩禪師 心經頌)』을 찾아보았지만, 이미 분실한 상태였다.

새롭게 통석을 발간하며 달마심경송을 다시 번역해 붙이고 소납의 지견을 노래로 붙였다.

『달마선사심경송』은 소실육문(少室六門)에 해당하는 저작이지만 필자의 소견으로는 당조 하택신회선사(荷澤神會禪師)가 반야불교와 『금강경』을 중심으로 달마남종(達摩南宗)의 법통을 세우면서 만들어낸 저작이 아닌가 생각한다.

『육조단경』 돈황본 등이 신회문파의 편집이듯, 『금강경육조해의 (金剛經六祖解義)』와 본 『심경송』 또한 모두 하택신회선사와 그 문파들의 작업이리라는 것이 소납이 오랫동안 가슴에 품어왔던 생각이다.

그러나 그런 사상적 저작들이 그 누구의 작업인가가 중요한 것이 아니라 그 저작이 연기론의 종지에 부합되며 오늘의 시대에 그 가르침이 유효한가가 중요하다.

그런 뜻에서 다시 『심경송』의 우리말 번역을 감행해 본서에 붙였다.

생가터에 혜심원(慧諟院) 도량을 세우며 낮에는 공사 감독하고, 밤에 앉아 집필한 지 일주일 만에 심경송을 포함한 반야심경통석의 풀이를 마쳤다. 그는 마치 오랜 벗을 만나 흉금에 쌓인 정을 밤

새 털어놓듯 옆 사람과 대화하는 방식의 풀이였다.

집필하는 내내 '반야경의 종취가 왜 세간의 삶 속에서 체화되지 못하는가' 이 물음이 반야문자 풀이를 이끌어가는 공안이 되었다.

반야의 종취는 무엇인가. 말에서 말이 없고 생각에서 생각 떠나는 곳에 반야의 종취가 있고 해탈의 행이 있는데, 반야가 어찌 얻을 것이 있는 그 무엇으로 종(宗)을 삼겠는가.

그러므로 생각에서 생각 없는[於念無念] 반야의 뜻을 바로 알아들으면 사유와 모습을 버리지 않고 깊은 프라즈냐파라미타(prajñā-pāramitā)를 행하는 자가 될 것이다.

그러나 반야를 사유로 붙잡으려 하거나 사유를 끊고 구경의 깨달음을 얻으려 하거나 지혜로 비추어 찾으려 하면 곧 반야의 종취를 잃을 것[隨照失宗]이다. 반야에는 반야의 모습도 없는데, 여기에 무슨 교(教)와 선(禪)의 치우친 분별심이 붙겠는가.

반야의 종취가 선(禪)의 정법안장(正法眼藏)이니, 교 안[教內]과 교 밖[教外]의 헛된 소리는 누가 하는가.

반야는 안[內]에서도 얻을 수 없고 밖[外]에서도 얻을 수 없고, 안과 밖이 어울리는 가운데[中]서도 얻을 수 없지만, 안과 밖 안팎의 어울림을 떠나서도 얻을 수 없는데, '안에 있는 참사람'과 같은 전도몽상으로 어찌 깊은 프라즈냐파라미타의 길을 갈 수 있겠는가.

'이 몸을 끌고 다니는 주인공', '물질의 네 요인[四大]과 다섯 쌓임[五蘊]을 주재하는 자', '안에 있는 밝고 밝은 자'를 말하고, 그것으

로 깨달음을 삼는 자들은 바로 항상함의 견해〔常見〕로 붇다의 법을
왜곡하는 자들이고, 붇다의 법 안에서 바깥 길의 헛된 꿈을 꾸는
자들이다.

그러나 꿈은 꿈이라 없앨 것이 없으니, 온갖 허깨비를 허깨비로
알아차리는 곳에 보디의 길이 있고 뒤바뀐 헛된 생각 멀리 여의는
〔遠離顚倒夢想〕 반야의 길이 있다.

이제 이 반야심경통석 발간의 인연 공덕으로, 이 시대 새로운 안
거도량(安居道場)을 개설해, 선교율(禪敎律) 회통의 선풍을 통해 티
끌 세간을 받들려는 소납의 원력이 원만성취되길 바란다.

옮겨갈 산 이름이 유명산(有明山)이나 참된 밝음은 밝음〔vidyā;
明〕과 무명(avidyā; 無明)이 모두 공한 곳에서 그 공함마저 넘어서
야 밝음 없는 밝음을 드러낼 수 있는 것인가.

오직 위를 향하는 한 길〔向上一路〕의 정진 속에서 세간에의 참된
복귀가 있으리라.

불기 2557년 중추절
유명산(有明山) 산벚나무에 가을빛이 짙어갈 무렵
도량건립 발원제자 鶴潭 합장

■ 차례

제1부 반야심경의 우리말 옮김

1. **소본 반야심경** (小本 般若心經)

   1) 범본(梵文) 반야심경

   2) 요진삼장 구마라지바 역 (姚秦三藏鳩摩羅什譯)

   3) 당삼장법사 현장 역 (唐三藏法師玄奘譯)

2. **광본 반야심경** (廣本 般若心經)

   1) 범본(梵本) 반야심경

   2) 캐쉬미르국삼장 반야 이언 등이 같이 번역함

   3) 국대덕삼장법사사문 법성역(國大德三藏法師沙門法成譯)

1. 소본 반야심경 (小本 般若心經)

1) 범본(梵文) 반야심경

Namas Sarvajñāya

āryāvalokiteśvaro bodhisattvo gambhīrāyāṃ prajñāp- āramitāyāṃ caryāṃ caramāṇo vyavalokayati sma pañca skandhās tāṃśca svabhā vaśūnyān paśyati sma

iha Śāriputra rūpaṃ śūnyatā, śūnyataiva rūpam, rūpān na pṛthak ś ūnyatā śūnyatāyā na pṛthag rūpam yad rūpaṃ sā śūnyatā yā śūnyatā tad rūpam. evam eva vedanā-saṃjñā-saṃskāra-vijñānāni. i ha Śāriputra sarva -dharmāḥ śūnyatā-lakṣaṇā anu-tpannā aniruddh ā, ama-lāvimalā, nonā na paripūrṇāḥ

tasmāc Chāriputra śūnyatāyāṃ na rūpaṃ na vedanā na saṃjñā na saṃskārā na vijñānam.

na cakṣuḥ-śrotra-ghrāṇa-jihvā-kāya-manāṃsi

na rūpa-śabda-gandha-rasa-spraṣṭavya-dharmāḥ,

nacakṣ-ur-dhātur yāvan na mano-vijñāna-dhātuḥ.

na vidyā nāvidyā na vidyākṣayo nāvidyākṣayo yā an na jarāmaraṇ aṃ na jarāmaraṇakṣayo. na duḥkha-sa-mudaya-nirodha-mārgā na jñānaṃ na prāptiḥ nābhi-samayaḥ

tasmād aprāptitvād bodhisattvānāṃ prajñāpāramitām āśritya vihara ty a cittāvaraṇaḥ cittāvaraṇa-nāstitvād atrasto viparyāsātikrānto niṣ ṭhanīrvāṇaḥ. tryadhvavy-ava sthitāḥ sarva-buddhāḥ prajñāpāramitā m āśrityā- nuttarāṃ samyaksambodhim abhisambuddhāḥ.

tasmāj jñātavyaṃ prajñāpāramitā-mahāmantro mahā-vidyāmantro
'nuttaramantro samasama-mantraḥ, sarvaduḥkhapraśamanaḥ   satya
m amithyatvātprajñā-pāramitāyām ukto mantraḥ tad yathā :
gate gate pāragate pārasaṃgate bodhi svāhā.
iti prajñāpāramitā-hṛdayaṃ samāptam.

〔 우리말 옮김 〕

온갖 것 아시는 분〔一切智者〕께 귀의합니다.
살핌이 자재한 거룩한 보디사트바가 깊은 프라즈냐파라미타 속에
서 행하면서 존재는 오직 다섯 가지 쌓임뿐임을 살피고, 다섯 쌓임이
공함을 보았다.
여기에서 샤리푸트라여!
물질은 공한 것이요 공한 것은 실로 물질이다. 물질이 공함과 다르
지 않고 공함이 물질과 다르지 않아서, 물질인 것 그것이 바로 공한
것이요 공한 것 그것이 바로 물질이다.
받아들이는 느낌과 모습 취하는 생각과 지어내는 행과 다르게 알아
내는 앎 또한 이와 같다.
여기에서 샤리푸트라여, 모든 법은 공한 특성은 생겨나지도 않고
사라지지도 않으며, 더러운 것도 아니고 깨끗한 것도 아니며, 모자람
도 아니고 남는 것도 아니다.
그러므로 샤리푸트라여, 공함 가운데에는 물질이 없고 느낌이 없고
모습 취함이 없고 지어감이 없고 앎이 없다.
눈・귀・코・혀・몸・뜻이 없고, 빛깔・소리・냄새・맛・감촉・법

이 없으며, 눈의 영역이 없으며 앎의 영역까지도 없다.

밝음도 없고 밝음 없음도 없으며, 밝음의 다함도 없고 밝음 없음의 다함도 없으며, 늙음과 죽음이 없고 늙음과 죽음의 다함도 없다.

괴로움과 괴로움의 원인과 괴로움이 사라짐과 괴로움을 없애는 길도 없으며, 아는 지혜도 없고 얻음도 없다.

그러므로 얻음이 없기 때문에 보디사트바는 프라즈냐파라미타에 의지하여 마음을 덮음이 없고, 마음을 덮음이 없으므로 두려움이 없고 미혹을 극복하고 니르바나에 머문다.

삼세에 머물고 있는 모든 붇다들도 프라즈냐파라미타를 의지하여 위없고 바른 깨달음을 얻으셨다.

그러므로 프라즈냐파라미타는 큰 진언이고, 커다란 지혜의 진언이며, 가장 높은 진언이고, 견줄 것 없는 진언이며, 모든 괴로움을 구제하고, 헛된 것이 아니어서 진실하다는 것을 알아야 한다.

프라즈냐파라미타에서 진언은 다음과 같이 설해졌다.

가테가테 파라가테 파라삼가테 보디스바하

이렇게 프라즈냐파라미타의 핵심은 끝난다.

2) 요진삼장 구마라지바 역 (姚秦三藏鳩摩羅什譯)

마하반야바라밀대명주경(摩訶般若波羅蜜大明呪經)

觀世音菩薩 行深般若波羅蜜時 照見五陰空 度一切苦厄
舍利弗 色空故無惱壞相 受空故無受相 想空故無知相 行空故無作相
識空故無覺相
何以故 舍利弗 非色異空 非空異色 色卽是空 空卽是色 受想行識亦
如是
舍利弗 是諸法空相 不生不滅 不垢不淨 不增不減
是空法 非過去非未來非現在 是故空中 無色無受想行識 無眼耳鼻舌
身意 無色聲香味觸法 無眼界乃至無意識界 無無明亦無無明盡 乃至無
老死無老死盡 無苦集滅道 無智亦無得
以無所得故 菩薩依般若波羅蜜故 心無罣碍 無罣碍故 無有恐怖 離一
切顚倒夢想苦惱 究竟涅槃
三世諸佛 依般若波羅蜜故 得阿耨多羅三藐三菩提
故知般若波羅蜜是大明呪 無上明呪 無等等明呪 能除一切苦 眞實不
虛 故說般若波羅蜜呪 卽說呪曰
竭帝竭帝 波羅竭帝 波羅僧竭帝 菩提僧莎呵

〔 우리말 옮김 〕

세간 소리 살피는 보디사트바가 깊은 프라즈냐파라미타를 행할 때
다섯 쌓임〔五陰〕이 공했음을 비추어보고 온갖 괴로움과 액란을 건

넜다.

샤리푸트라여, 물질〔色〕이 공하므로 무너지는 모습〔惱壞相〕이 없으며, 느낌〔受〕이 공하므로 받아들이는 모습〔受相〕이 없으며, 모습 취함〔想〕이 공하므로 아는 모습〔知相〕이 없으며, 지어감〔行〕이 공하므로 짓는 모습〔作相〕이 없으며, 앎〔識〕이 공하므로 살펴 깨닫는 모습〔覺相〕도 없다.

왜 그런가, 샤리푸트라여.

물질이 공과 다르지 않고 공이 물질과 다르지 않아서 물질이 곧 공이요 공이 곧 물질이며, 느낌 · 모습 취함 · 지어감 · 앎도 또한 이와 같기 때문이다.

샤리푸트라여, 이 모든 법 공한 모습은 생겨나지도 않고 사라지지도 않으며, 더러운 것도 아니고 깨끗한 것도 아니며, 늘어나지도 않고 줄어들지도 않는다.

이 공한 법은 과거도 아니고 미래도 아니며 현재도 아니다.

그러므로 공 가운데에는 물질이 없고 느낌 · 모습 취함 · 지어감 · 앎도 없으며, 눈 · 귀 · 코 · 혀 · 몸과 뜻 육근이 없고, 빛깔 · 소리 · 냄새 · 맛 · 닿음과 법 육경도 없고,

눈의 영역〔眼界〕과 뜻의 앎의 영역〔意識界〕까지 십팔계도 없으며,

무명에서 늙고 죽음까지 십이연기(十二緣起)도 없고,

무명에서 늙고 죽음까지 십이연기의 다함도 없으며,

괴로움과 괴로움 모아냄, 괴로움이 사라짐, 괴로움 없애는 길이 사제(四諦)도 없고,

아는 지혜도 없고 얻음도 없다.

얻는 바가 없으므로 보디사트바는 프라즈냐파라미타를 의지하므로 마음에 걸림이 없고 걸림이 없으므로 두려움이 없으며,

온갖 뒤바뀐 헛된 생각과 고뇌를 멀리 떠나

니르바나를 마쳐 다하며,

삼세의 여러 붇다도 프라즈냐파라미타를 의지하므로 위없고 바른 깨달음을 얻는다.

그러므로 알라. 프라즈냐파라미타는 크게 밝은 진언이며 위없이 밝은 진언이며 견줄 수 없이 밝은 진언으로

온갖 괴로움을 없애고 진실하여 허망하지 않다.

그러므로 프라즈냐파라미타의 진언을 말하리라.

가테 가테 파라가테 파라삼가테 보디스바하

3) 당삼장법사 현장 역 (唐三藏法師玄奘譯)

반야바라밀다심경(般若波羅蜜多心經)

觀自在菩薩 行深般若波羅蜜多時 照見五蘊皆空 度一切苦厄
舍利子 色不異空 空不異色 色卽是空 空卽是色
受想行識亦復如是 舍利子 是諸法空相 不生不滅 不垢不淨 不增不減
是故空中 無色 無受想行識
無眼耳鼻舌身意 無色聲香味觸法 無眼界 乃至無意識界
無無明 亦無無明盡 乃至無老死 亦無老死盡 無苦集滅道 無智亦無得
以無所得故 菩提薩埵 依般若波羅蜜多故 心無罣碍 無罣碍故 無有恐
怖 遠離顚倒夢想 究竟涅槃
三世諸佛 依般若波羅蜜多故 得阿耨多羅三藐三菩提
故知般若波羅蜜多 是大神呪 是大明呪 是無上呪 是無等等呪 能除一
切苦 眞實不虛故 說般若波羅蜜多呪 卽說呪曰
揭帝揭帝 般羅揭帝 般羅僧揭帝 菩提僧莎訶

〔 우리말 옮김 〕

관자재보디사트바가 깊은 프라즈냐파라미타를 행할 때에
다섯 쌓임이 모두 공했음을 비추어 보고 모든 괴로움과 액란을 건
넜다.
샤리푸트라여, 물질은 공함과 다르지 않고 공함은 물질과 다르지
않아서 물질이 곧 공함이요 공함이 곧 물질이니,

느낌 · 모습 취함 · 지어감 · 앎 또한 다시 이와 같다.

샤리푸트라여, 이 모든 법 공한 모습은 생겨나지도 않고 사라지지도 않으며,

더러운 것도 아니고 깨끗한 것도 아니며, 늘어나지도 않고 줄어들지도 않는다.

그러므로 공함 가운데에는 물질이 없고 느낌 · 모습 취함 · 지어감 · 앎도 없으며,

눈 · 귀 · 코 · 혀 · 몸과 뜻 이 육근도 없고,

빛깔 · 소리 · 냄새 · 맛 · 닿음과 법 이 육경도 없고,

눈의 영역〔眼界〕에서 뜻의 앎의 영역〔意識界〕까지 십팔계도 없고,

무명에서 늙고 죽음까지 십이연기도 없고, 무명에서 늙고 죽음까지 십이연기의 다함도 없으며,

괴로움과 괴로움 모아냄, 괴로움의 사라짐, 괴로움 없애는 길 이 사제도 없고,

지혜도 없고 얻음도 없다.

이처럼 얻는 바가 없으므로 보디사트바는 프라즈냐파라미타를 의지하므로 마음에 걸림이 없고 걸림이 없으므로 두려움 없으며,

뒤바뀐 헛된 생각 멀리 떠나 니르바나를 마쳐 다한다.

과거 현재 미래의 모든 붇다들도 프라즈냐파라미타를 의지하므로 위없이 바른 깨달음을 얻으신다.

그러므로 프라즈냐파라미타는 크게 신비한 진언이며 크게 밝은 진언이며 위없는 진언이며 견줄 수 없는 진언인 줄 알아야 한다.

온갖 괴로움을 없애주고 진실하여 헛되지 않나니

이제 프라즈냐파라미타의 진언을 말하리라.

가테가테 바라가테 파라삼가테 보디스바하

2. 광본 반야심경 (廣本 般若心經)

1) 범본(梵本) 반야심경

Namas sarvajñāya

Evaṃ mayā śrutam. ekasmin samaye bhagavān Rā- jagṛhe viharat
i sma Gṛdharakūṭe parvate mahatā bhikṣusaṃghena sārdhaṃ mahatā
ca bodhisattvasa-ṃghena. tena khalu samayena bhagavān Gaṃbhīrā
vasaṃbodhaṃ nāma samādhiṃ samāpannaḥ. tena ca samay-enāryāv
alokiteśvaro bodhisattvo mahāsattvo gaṃbhīrā-yāṃ prajñāpāramitāy
āṃ caryāṃ caramāṇa evaṃ vyaval-okayati sma. paṃca skaṃdhās tā
ṃś ca svabhāvaśūnyānvyavalokayati.

athāyuṣmān Chāriputro buddhānubhāv-enāry āvalokiteśvaraṃ bodh
isattvam etad avocat yaḥ kaścit kulaputro gaṃbhīrāyāṃ prajñāpāra
mitāyāṃ caryāṃcartukāmaḥ kathaṃ śikśitavyaḥ evam ukta āryāval
oki-teśvaro bodhisattvo mahāsattva āyuṣmaṃtaṃ Śāriputr-am etad
avocat. yaḥ kaścic Chariputra kulaputro vākuladuhitā vā gaṃbhīrāyā
ṃ prajñāpāramitāyāṃ caryāṃ cartukāmas tenaivaṃ vyavalokayitavy
aṃ paṃca skaṃ-dhās tāṃś ca svabhāvaśūnyān samanupaśyati sma.

rūpaṃ śūnyatā śūnyataiva rūpaṃ rūpān na pṛthak śūnyatā śūnyat
āyā na pṛthag rūpaṃ yad rūpaṃ sā śūnyatā yā śūnyatā tad rūpaṃ
evaṃ vedanā-saṃjñā-saṃskāra-vijñā-nāni ca śūnyatā. evaṃ Śaripu
tra sarvadharmā śūnyatā-lakṣaṇā anutpannā aniruddhā amalāvimalā
anūnā asaṃpūrṇāḥ.

tasmāt tarhi Śāriputra śūnyatāyāṃ na rūpaṃ na vedanā na saṃjñā

na saṃskārā na vijñānaṃ. na cakṣur na śrotraṃ na ghrāṇaṃ na jihv
ā na kāyo na mano na rūpaṃ na śabdo na gaṃdho na raso na spraṣṭ
avyaṃ na dharmāḥ. na cakṣurdhātur yāvan na manodhātur na dharm
adhātur na manovijñānadhātuḥ

na vjdyā nāvidyā na kṣayo yāvan na jarāmaraṇam na jarāmaraṇak
ṣayaḥ   na duḥkhasamudaya-nirodhamārgā na jñānaṃ na prāptir nāp
rāptiḥ.

tasmāc Chāriputra aprāptitvena bodhisattvānāṃ. prajñāpāramitām ā
śritya viharaty acittāvaraṇaḥ. cittā-varaṇanāstitvād atrasto viparyāsā
tikrāṃto niṣṭh- anir-vāṇaḥ. tryadhvavyavasthitā sarvabuddhāḥ   pra
jñāpār-amitām āśrityānuttarāṃ samyak-saṃbodhim abhisaṃ-buddh
āḥ. tasmāj jñātavyaḥ prajñāpāramitāmahāamaṃ-tro mahāvidyāmaṃt
ro 'nuttaramaṃtro 'samasamam-aṃtraḥ sarvaduḥkhapraśamana-ma
ṃtraḥ satyam am-ithyatrāt prajñāpā- ramitāyāṃ ukto maṃtraḥ, tad
ya-thā.

gate gate pāragate pārasaṃgate bodhi svāhā.

evam Śāriputra gaṃbhīrāyāṃ prajñāpāramitāyāṃ caryāyāṃ śikṣita
vyaṃ bodhisattvena.

atha khalu bhagavān tasmāt samādher vyutthāyāryāvalokiteśvara-
sya bodhisattvasya sādhukāram adāt. sādhu sādhu kulaputra evam
etat kulaputra. evam etad gaṃbhīrāyāṃ prajñāpāramitāyāṃ caryām
cartavyaṃ yathā tvayā nirdiṣṭam anumodyate tathā gatair arhadbhiḥ.

idam avocad bhagavān. ānaṃdamanā āyuṣmāñ. Chāriputra āryāval
okiteśvaraś ca bodhisatt-vaḥ sā ca sarvāvati parṣat sadevamānuṣāsu
ra gaṃdh-arvaś ca loko bhagavato bhāṣitam abhyanaṃdam

iti prajñāpāramitāhṛdayasūtraṃ samāptaṃ.

〔 우리말 옮김 〕

온갖 것 아시는 분께 귀의합니다.

이와 같이 내가 들었다.

한 때에 바가바께서는 많은 비구대중과 보디사트바의 무리들과 함께 라자그리하 그리드라쿠타산의 비하라에 계시었다.

그 때 세존은 깊고 깊으며 밝은 깨달음인 사마디 가운데 들어가셨다.

그 때 훌륭한 이 보디사트바 '아바로키테스바라'는 깊은 프라즈냐파라미타를 실천할 때, 존재에는 다섯 가지 쌓임이 있음을 보시고 그 다섯 가지 쌓임이 모두 공했음을 살펴보았다.

그러자 샤리푸트라 장로는 붇다의 힘을 입어 '보디사트바 거룩한 이 아바로키테스바라'에게 이렇게 말했다.

"만약 훌륭한 남자나 여인이 깊고 깊은 프라즈냐파라미타를 실천하려 하면 어떻게 수행해야 합니까?"

이렇게 말하자 '보디사트바 거룩한 이 아바로키테스바라'는 장로 샤리푸트라에게 다음과 같이 말했다.

"샤리푸트라여, 만약 훌륭한 남자나 여인이 깊고 깊은 프라즈냐파라미타를 실천하려 하면 다음과 같이 철저히 살펴보아야 한다.

존재는 다섯 가지 쌓임으로 이루어졌으며, 이 다섯 가지 쌓임은 모두 자성이 공하다. 물질은 공함이요 공함이 물질이니, 물질을 떠나 공함이 없고 공함을 떠나 따로 물질이 없어서, 물질이라 하는 그것이 바로 공함이요 공함이라는 그것이 바로 물질이다.

받아들이는 느낌〔vedanā; 受〕과 모습 취하는 생각〔saṃjñā; 想〕과 지어내는 행〔saṃskāra; 行〕과 다르게 알아내는 앎〔vijñāna; 識〕 또한 이와 같다.

오 샤리푸트라여, 모든 법의 공한 특성은 생겨나지도 않고 사라지지도 않으며, 더러운 것도 아니고 더러움에서 떠나지도 않으며, 줄어지지도 않고 늘어나지도 않는다.

그러므로 샤리푸트라여, 공함에는 물질이 없고 느낌이 없고 모습취함이 없고 지어감이 없고 앎이 없으며,

눈·귀·코·혀·몸·뜻이 없고, 빛깔·소리·냄새·맛·닿음·법이 없으며, 눈의 영역에서 앎의 영역까지도 없다.

밝음도 없고 밝지 않음도 없으며, 밝음의 다함도 없고 밝지 않음의 다함도 없으며, 이어 늙고 죽음까지 없고 늙고 죽음의 다함도 없다. 괴로움과 괴로움의 원인과 괴로움이 사라짐과 괴로움을 없애는 길도 없으며, 아는 지혜도 없고 얻음도 없으며 얻지 않음도 없다.

얻음이 없으므로 보디사트바는 프라즈냐파라미타를 의지하여 마음에 걸림이 없다. 마음에 걸림이 없으므로 두려움이 없고 뒤바뀐 생각 멀리 떠나서 끝내 니르바나를 성취한다.

삼세에 계신 붇다들께서도 프라즈냐파라미타를 의지하여 위없고 바른 깨달음을 얻으셨다.

그러므로 알아야 한다. 프라즈냐파라미타의 진언, 크게 밝은 진언, 위없는 진언, 비할 수 없는 진언은 모든 괴로움을 없애주며 속임 없이 진실하여 프라즈냐파라미타에서 설해진 진언이니 그것은 다음과 같다.

가테가테 파라가테 파라삼가테 보디스바하

샤리푸트라여, 깊고 깊은 프라즈냐파라미타를 실천할 때 보디사트

바는 반드시 이렇게 배워야 한다."

그때 바가바께서는 그 사마디로부터 일어나 보디사트바 거룩한 이 아바로키테스바라에게 말씀하셨다.

"그렇고 그렇다, 훌륭한 이여. 깊은 프라즈냐파라미타를 실천할 때에는 이와 같이 지어가지 않으면 안 된다.

그대에 의해서 설해진 대로 프라즈냐파라미타를 지어가야 하니, 그렇게 지어가면 모든 여래가 다 함께 기뻐하실 것이다."

장로 샤리푸트라, 보디사트바 거룩한 이 아바로키테스바라, 온갖 대중 및 하늘과 사람, 아수라, 간다르바 등 모든 세간의 존재들은 바가바의 말씀을 듣고 기뻐하였다.

이로써 프라즈냐파라미타의 핵심을 말한 경은 끝난다.

2) 캐쉬미르국 삼장 반야와 이언 등이 같이 번역함 (罽賓國三藏般若共利言等譯)

반야바라밀다심경(般若波羅蜜多心經)

如是我聞 一時佛在王舍城耆闍崛山中 與大比丘衆及菩薩衆俱 時佛世尊卽入三昧 名廣大甚深

爾時衆中有菩薩摩訶薩 名觀自在 行深般若波羅蜜多時 照見五蘊皆空 離諸苦厄

卽時舍利弗承佛威力 合掌恭敬白觀自在菩薩摩訶薩言

善男子 若有欲學甚深般若波羅蜜多行者 云何修行 如是問已 爾時觀自在菩薩摩訶薩告具壽舍利弗言

舍利子 若善男子善女人 行甚深般若波羅蜜多行時 應觀五蘊性空

舍利子 色不異空 空不異色 色卽是空 空卽是色 受想行識亦復如是

舍利子 是諸法空相 不生不滅 不垢不淨 不增不減

是故空中無色 無受想行識 無眼耳鼻舌身意 無色聲香味觸法 無眼界乃至無意識界 無無明亦無無明盡 乃至無老死亦無老死盡 無苦集滅道無智亦無得

以無所得故 菩提薩埵依般若波羅蜜多故 心無罣礙 無罣礙故無有恐怖 遠離顛倒夢想 究竟涅槃

三世諸佛依般若波羅蜜多故 得阿耨多羅三藐三菩提

故知般若波羅蜜多是大神呪 是大明呪 是無上呪 是無等等呪 能除一切苦 眞實不虛 故說般若波羅蜜多呪 卽說呪曰

蘗諦 蘗諦 波羅蘗諦 波羅僧蘗諦 菩提娑婆訶

如是舍利弗 諸菩薩摩訶薩 於甚深般若波羅蜜多行 應如是行

如是說已 卽時世尊從廣大甚深三摩地起 讚觀自在菩薩摩訶薩言
善哉善哉 善男子 如是如是 如汝所說 甚深般若波羅蜜多行 應如是行
如是行時 一切如來皆悉隨喜
爾時世尊說是語已 具壽舍利弗大喜充遍 觀自在菩薩摩訶薩亦大歡喜
時彼衆會 天人阿修羅乾闥婆等 聞佛所說皆大歡喜 信受奉行

〔 우리말 옮김 〕

이와 같이 내가 들었다.
한 때에 붇다께서는 라자그리하성 그리드라쿠타산 가운데에서 큰
비구의 무리 및 보디사트바의 무리와 함께 계셨다.
때에 붇다 세존께서 곧 사마디에 드시니 사마디의 이름은 '넓고 크
며 깊고 깊은 사마디'였다.
이 때 무리 가운데 보디사트바마하사트바가 계셨으니 이름이 '살핌
이 자재한 이'였는데, 그 보디사트바가 깊은 프라즈냐파라미타를 행
할 때 다섯 쌓임이 모두 공했음을 비추어보고 모든 괴로움과 액란을
여의었다.

바로 이 때 샤리푸트라가 붇다의 위신력을 받들어 합장하고 공경히
살핌이 자재한 보디사트바에게 말씀드렸다.
"잘 행하는 이로서 만약 깊은 프라즈냐파라미타의 행을 배우고자
하는 이가 있다면 어떻게 수행해야 합니까."
이렇게 묻자 이 때 살핌이 자재한 보디사트바마하사트바는 장로 샤
리푸트라에게 말씀하셨다.
"샤리푸트라여, 만약 잘 행하는 이, 잘 행하는 여인으로서 깊은 프

라즈냐파라미타를 행하려 할 때는 다섯 쌓임의 참모습이 공한 줄 살펴야 한다.

샤리푸트라여, 물질이 공과 다르지 않고 공이 물질과 다르지 않아서 물질이 곧 공이요 공이 곧 물질이며, 느낌·모습 취함·지어감·앎도 또한 이와 같기 때문이다.

샤리푸트라여, 이 모든 법 공한 모습은 생겨나지도 않고 사라지지도 않으며, 더러운 것도 아니고 깨끗한 것도 아니며, 늘어나지도 않고 줄어들지도 않는다.

그러므로 공 가운데에는 물질이 없고 느낌·모습 취함·지어감·앎도 없으며,

눈·귀·코·혀·몸과 뜻 육근이 없고,

빛깔·소리·냄새·맛·닿음과 법 육경도 없고,

눈의 영역에서 뜻의 앎의 영역까지 십팔계도 없으며,

무명에서 늙고 죽음까지 십이연기도 없고,

무명에서 늙고 죽음까지 십이연기의 다함도 없으며,

괴로움과 괴로움의 모아냄, 괴로움의 사라짐, 괴로움 없애는 길
이 사제도 없고, 지혜도 없고 얻음도 없다.

얻는 바가 없으므로 보디사트바는 프라즈냐파라미타를 의지하여 마음에 걸림이 없고 걸림이 없으므로 두려움이 없으며, 온갖 뒤바뀐 헛된 생각 멀리 떠나 니르바나를 마쳐 다하며,

삼세의 여러 붇다들도 프라즈냐파라미타를 의지하므로 위없고 바른 깨달음을 얻는다.

그러므로 프라즈냐파라미타는 크게 신비한 진언이며 크게 밝은 진언이며 위없는 진언이며 견줄 수 없는 진언인 줄 알아야 한다.

온갖 괴로움을 없애고 진실하여 허망하지 않나니 그러므로 프라즈냐파라미타진언을 말하리라.

가테 가테 파라가테 파라삼가테 보디스바하

이처럼 샤리푸트라여, 여러 보디사트바마하사트바는 깊고 깊은 프라즈냐파라미타의 행에 대해서는 이와 같이 행해야 한다."

이와 같이 설해 마치자, 그 때 곧 세존께서는 넓고 크며 깊고 깊은 사마디에서 일어나시어 살핌이 자재한 보디사트바를 찬탄하셨다.
"훌륭하고 훌륭하다, 잘 행하는 이여. 그렇고 그렇다.
그대의 설한 바와 같이 깊고 깊은 프라즈냐파라미타의 행은 이와 같이 행해야 하니, 이와 같이 행하면 바로 모든 여래께서 다 따라 기뻐하시게 된다."
이 때 세존이 이 말씀을 하시고 나자 장로 샤리푸트라는 큰 기쁨이 온 몸에 두루 가득하고 살핌이 자재한 보디사트바마하사트바 또한 크게 기뻐하였다.
그 대중 가운데 함께 한 하늘과 사람, 아수라, 건달바 등도 붇다께서 설하신 바를 듣고 모두 크게 기뻐하여 말씀을 믿어 받아들이고 받들어 행하였다.

3) 국대덕삼장법사사문 법성 역(國大德三藏法師沙門法成譯)

반야바라밀다심경(般若波羅蜜多心經)

如是我聞 一時薄伽梵住王舍城鷲峯山中 與大苾芻衆 及諸菩薩摩訶薩俱

爾時世尊等 入甚深明了三摩地法之異門 復於爾時 觀自在菩薩摩訶薩 行深般若波羅蜜多時 觀察照見五蘊體性 悉皆是空

時具壽舍利子 承佛威力 白聖者觀自在菩薩摩訶薩曰

若善男子 欲修行甚深般若波羅蜜多者 復當云何修學

作是語已 觀自在菩薩摩訶薩 答具壽舍利子言

若善男子及善女人 欲修行甚深般若波羅蜜多者 彼應如是觀察 五蘊體性皆空 色卽是空 空卽是色 色不異空 空不異色 如是受想行識 亦復皆空

是故舍利子 一切法空性 無相無生無滅 無垢離垢 無減無增

舍利子 是故爾時空性之中 無色無受無想無行亦無有識 無眼無耳無鼻無舌無身無意 無色無聲無香無味無觸無法 無眼界乃至無意識界

無無明亦無無明盡 乃至無老死 亦無老死盡 無苦集滅道 無智無得 亦無不得

是故舍利子 以無所得故 諸菩薩衆 依止般若波羅蜜多 心無障礙 無有恐怖 超過顚倒 究竟涅槃

三世一切諸佛 亦皆依般若波羅蜜多故 證得無上正等菩提

舍利子 是故當知般若波羅蜜多大蜜呪者 是大明呪 是無上呪 是無等等呪 能除一切諸苦之呪 眞實無倒 故知般若波羅蜜多 是秘密呪 卽說般若波羅蜜多呪曰

揭帝揭帝 波囉揭帝 波囉僧揭帝 菩提莎訶
舍利子 菩薩摩訶薩 應如是修學甚深般若波羅蜜多
爾時世尊從彼定起 告聖者觀自在菩薩摩訶薩曰 善哉善哉 善男子 如
是如是 如汝所說 彼當如是修學般若波羅蜜多 一切如來亦當隨喜
時薄伽梵說是語已 具壽舍利子 聖者觀自在菩薩摩訶薩 一切世間天
人阿蘇羅乾闥婆等 聞佛所說 皆大歡喜 信受奉行

〔 우리말 옮김 〕

이와 같이 내가 들었다.

한 때에 바가바께서는 라자그리하성 그리드라쿠타산 가운데에서 큰 비구의 무리 및 여러 보디사트바마하사트바의 무리와 함께 계셨다.

그 때 세존은 깊고 깊으며 밝게 깨달은 사마디법의 여러 다른 문〔三昧異門〕에 평등하게 들어가셨다.

다시 이 때 '살핌이 자재한 보디사트바마하사트바'가 깊은 프라즈냐파라미타를 행할 때에 다섯 쌓임의 자체성품이 모두 다 공함을 살펴 비추어 보았다.

그러자 장로 샤리푸트라는 붇다의 위신력을 받들어 거룩한 이 '살핌이 자재한 보디사트바마하사트바'에게 여쭈었다.

"만약 잘 행하는 남자와 여인으로서 깊고 깊은 프라즈냐파라미타를 행하려는 이는 어떻게 닦아 배워야 합니까?"

이렇게 묻자 '살핌이 자재한 보디사트바'는 장로 샤리푸트라에게 말씀하셨다.

"만약 잘 행하는 남자와 여인으로서 깊고 깊은 프라즈냐파라미타를 행하려는 이는 이렇게 살펴야 한다.

다섯 쌓임의 자체성품이 모두 다 공하니 물질이 곧 공이요 공이 곧 물질이라 물질이 공과 다르지 않고 공이 물질과 다르지 않으며, 이처럼 느낌 · 모습 취함 · 지어감 · 앎도 또한 다시 공하다.

그러므로 샤리푸트라여, 온갖 법의 공한 성품은 모습이 없어서 생겨남도 없고 사라짐도 없으며, 더러운 것도 없고 더러워짐을 떠남도 없으며, 줄어듦도 없고 늘어남도 없다.

샤리푸트라여, 그러므로 이 때 공한 성품 가운데에는 물질이 없고 느낌이 없고 모습 취함이 없고 지어감이 없고 앎도 없으며,

눈이 없고 귀가 없고 코가 없고 혀가 없고 몸이 없고 뜻이 없으며,

빛깔이 없고 소리가 없고 냄새가 없고 맛이 없고 닿음이 없고 법이 없으며,

눈의 영역에서 뜻의 앎의 영역까지 십팔계가 없고,

무명이 없고 무명의 다함도 없으며 나아가서는 늙고 죽음이 없고 늙고 죽음의 다함도 없으며,

괴로움과 괴로움의 모아냄, 괴로움의 사라짐, 괴로움 없애는 길 이 사제가 없고,

지혜가 없고 지혜로 얻음도 없으며 얻지 않음도 없다.

그러므로 샤리푸트라여, 얻는 바가 없으므로 보디사트바는 프라즈냐파라미타를 의지하여 마음에 걸림이 없고 두려움이 없으며, 온갖 뒤바뀜 멀리 떠나 니르바나를 마쳐 다한다.

삼세의 온갖 붇다도 프라즈냐파라미타를 의지하므로 위없고 바른 깨달음을 얻는다.

그러므로 프라즈냐파라미타 큰 비밀진언은 크게 밝은 진언이며 위없는 진언이며 견줄 수 없는 진언이며 온갖 괴로움을 없애는 진언인 줄 알아야 한다.

진실하여 뒤바뀜이 없으므로 프라즈냐파라미타가 비밀한 진언인 줄 아니, 이제 곧 프라즈냐파라미타 진언을 말하리라.

가테 가테 파라가테 파라삼가테 보디스바하

샤리푸트라여, 보디사트바마하사트바는 이렇게 깊고 깊은 프라즈냐파라미타를 배워야 한다."

그 때 세존은 저 선정으로부터 일어나 거룩한 이 '살핌이 자재한 보디사트바마하사트바'에게 말씀하셨다.

"잘 말하고 잘 말했다, 잘 행하는 이여. 그렇고 그러하니 그대의 말한 바와 같이 저들은 이렇게 프라즈냐파라미타를 배워야 하며 그렇게 배워가면 모든 여래가 반드시 따라 기뻐하실 것이다."

그 때 바가바께서 이렇게 말씀하시자 장로 샤리푸트라와 거룩한 이 '살핌이 자재한 보디사트바마하사트바'와 온갖 세간의 하늘과 사람, 아수라, 건달바들이 붇다께서 말씀하신 바를 듣고 모두 크게 기뻐하여 믿어 받아들이며 받들어 행하였다.

제2부 반야심경통석

지혜의 청정한 바다는
진리가 그윽하고 그윽하며
뜻은 아주 깊고 깊어서
멀리 저 언덕에 이르게 하네.
위없는 보디에 향하는 길
오직 반야의 마음 말미암으니
비록 천 가지 뜻을 많이 듣지만
실이 바늘 의지함 떠나지 않네.
수트라의 꽃 반야에 매었으니
만겁의 한량없는 세월에
뭇 어진 이 반야를 우러르네.

智慧淸淨海　理密義幽深
波羅到彼岸　向道祗由心
多聞千種意　不離線因針
經花糸一道　萬劫衆賢欽

제1장 반야심경의 제목을 풀이함

① 경 제목을 간략히 풀이함

경전 제목 풀이를 통해 경의 큰 뜻을 밝히는 것은 동아시아 불교 전통에서 경전해석의 기본적인 방법론으로 자리잡아왔다. 이러한 해석 방법은 천태지의선사(天台智顗禪師)의 오중현의에 그 뿌리가 있다.

천태선사는 경전의 종취를 밝히는 데 경의 이름[名]·경이 밝히는 진리의 바탕[體]·실천의 종지[宗]·가르침의 모습[敎]·실천의 효용[用], 이 다섯 겹 깊은 뜻[五重玄義] 살핌을 그 방법론으로 제시했다.

우리 또한 반야심경을 읽는 데 천태선사의 방법론을 따라 제목 풀이로부터 경의 뜻을 살피기로 한다.

먼저 반야심경 제목을 통해 실상반야와 관조반야 문자반야 이 세 반야가 서로 다름없는 뜻을 밝혀보자.

반야심경의 산스크리트 이름은 '프라즈냐파라미타 흐리다야 수트라(prajñā-pāramitā-hṛdaya-sūtra)'이다. 흐리다야가 심장의 뜻이니 경전의 이름은 프라즈냐파라미타를 가르치는 핵심의 경전이란 뜻이 된다.

프라즈냐는 지혜이니 산스크리트어 프라즈냐(prajñā)는 팔리어로 판냐(paññā)이다. 반야(般若)는 팔리어 판냐를 소리로 옮긴 단어이다. 반야가 살피는 지혜[觀照般若]를 나타내므로 반야심경의 경 제목은 관조반야를 드러내 보인 경 제목이다.

경이 이처럼 반야라는 이름으로 다섯 쌓임의 실상[五蘊實相] 살피는 지혜를 드러내 보였지만, 경은 프라즈냐의 관조반야(觀照般若)

를 통해 실상반야(實相般若)와 문자반야(文字般若)를 모두 거둔다.

경의 내용으로 보면 실상반야는 반야로 살피는바 다섯 쌓임의 공한 모습이나 살피는 지혜는 살피는바 실상인 지혜이므로 경 제목은 반야만을 말해 실상을 거두는 것이다.

연기론에서 아는 마음[心]은 알려지는바 세계[境]를 떠난 마음이 없고 세계는 마음을 떠난 세계가 없으며, 지혜인 마음은 머묾 없는 행으로서의 마음이다. 그러므로 지혜인 실상을 말하면 실상인 반야가 함께하는 것이고, 세간을 건지는 해탈의 활동이 함께하는 것이다.

경 제목에서 프라즈냐(prajñā)가 관조반야를 들어 실상을 함께 밝힘이라면, 파라미타(pāramitā)는 저 언덕에 건넘[度彼岸]이니 너와 나를 모두 저 언덕에 건네주는 프라즈냐인 해탈의 활동인 것이다.

수트라(sūtra)는 언어로 발현된 여래의 해탈의 활동이며 실상과 반야지혜를 나타내는 문자반야[能詮文字]이다.

경 제목은 이처럼 관조반야·실상반야·문자반야가 비록 그 이름이 셋이나 그 바탕은 하나라. 앞과 뒤가 없음을 나타낸다.

이 뜻을 여래의 관조반야를 중심으로 살펴보자.

연기의 진리, 세계의 실상인 원융삼제(圓融三諦)의 진리는 여래의 보디를 통해 밝혀진 것이고, 팔만장경의 가르침도 여래의 보디가 세간언어로 발현된 것이니 여래의 관조반야가 있고서 실상반야와 문자반야가 있는 것이다.

이를 다시 여래께서 깨친바 실상을 중심으로 살펴보자.

여래의 보디는 스스로 있는 보디가 아니라 진리의 땅에서 일어난 진리인 지혜이고 팔만장경의 가르침도 원융삼제의 진실처에서 연기한 것이다.

곧 여래의 보디란 모습에 모습 없는 세계의 실상이 인격적으로 온전히 실현된 삶의 모습이므로 실로 한 법도 얻음이 없고, 중생의 고통과 번뇌도 연기의 실상에 대한 미혹이므로 중생이라 해도 한 법도 잃음이 없는 것이다.

이 뜻을 경은 '연기의 진리는 여래가 이 세간에 오시든 오시지 않든 법계에 늘 머문다'고 말하는 것이며, 여래가 팔만장경을 설해도 실로 한 글자도 설함이 없다고 한 것이다.

곧 실상반야를 떠나 여래와 온갖 보디사트바 천하 선지식의 깨달음도 없는 것이고, 실상을 떠나 팔만장경(八萬藏經)과 천하 선지식의 공안법문(公案法門)도 없는 것이다.

이런 관점에서 보면 실상이 먼저이고 관조반야와 문자반야가 그 다음이 되는 것이다.

문자반야를 중심으로 살펴보자.

문자반야 곧 온갖 수트라의 가르침은 실상에서 연기한 것이고 실상에 이끄는 언어적 방편이다.

나고 죽음의 고통바다에 빠진 중생이 저 언덕에 건너기 위해서는 해탈의 언덕에 이끌 나룻배가 필요하듯, 미망의 중생이 보디의 땅에 이르기 위해서는 가르침의 방편이 필요하다.

여래의 위없는 보디는 인연의 닫혀진 모습이 아니지만 인연 없이 보디의 과덕이 이루어지지 않는다.

여래가 하늘의 밝은 샛별을 보고 깨달았다고 말함이 바로 여래의 위없는 보디가 세간 인연을 떠나 있지 않음을 가르친다.

그러므로 경전은 실상 자체를 잡아서 '이 법은 여래가 세간에 오시든 오시지 않든 법계에 늘 머문다'고 하지만, 다시 깨닫게 하는 인연으로 보면 여래도 '과거 선인들이 걷던 길을 따라 걸어서 온갖 공덕이 가득한 옛 성에 이르렀다' 말한다.

진리 그대로의 문자반야가 있고 스승의 가르침이 있으므로 여래의 위없는 보디가 이 미망의 세간에 출현하는 것이다.

이 뜻을 『금강경』은 '여래의 위없는 보디도 모두 이 수트라의 가르침을 좇아 나왔다'고 말하는 것이니, 문자반야로 보면 가르침이 앞에 있고 깨침과 깨친바 진리가 뒤에 있는 것이다.

실상(實相)·관조(觀照)·문자(文字)의 세 반야[三般若]가 하나도 아니고 다름도 아니며, 앞도 아니고 뒤도 아닌 이 뜻을 『법화경(法華經)』 방편품은 이렇게 말한다.

이 법이 법자리에 머물러
세간 모습이 늘 머물도다.
도량 가운데서 이미 아시고서
크신 인도자 방편으로 설하시네.

是法住法位　世間相常住
於道場知已　導師方便說

위 게송에서 '이 법'이란 나고 사라지는 세간법이다. 이 세간법이 세간법의 자기 모습을 떠나지 않고 '늘 머물러 남이 없고 사라짐 없다[常住不生常住不滅]고 하였으니, 이것이 실상반야이다. 이 실상의 진리를 도량 가운데서 아시는 것이 관조반야라면 방편으로 중생을 위해 설하심이 문자반야이다.

법화의 뜻이 이와 같으니 실상과 관조와 문자가 다름없음을 보
인 반야심경과 법화의 뜻[法華義]이 어찌 다를 것인가.

② 오중현의로 제목의 뜻을 다시 살핌

이제 이 세 가지 반야가 하나도 아니고 다름도 아닌 뜻을 다섯
겹 깊은 뜻[五重玄義]과 연결지어 다시 살펴보자.

다섯 겹의 깊은 뜻은 경 제목 풀이[釋題]·진리의 바탕을 밝힘[辨
體]·실천의 종지를 밝힘[明宗]·가르침의 모습을 가림[判敎]·실
천의 효흥을 논함[論用]이다.

먼저 경 제목 풀이로 깊은 뜻을 밝힘이란 무엇인가.

위에서 살핀 바처럼 '프라즈냐파라미타 흐리다야 수트라(prajñā-
pāramitā- hṛdaya-sūtra)'의 경 제목이 세 가지 반야[三般若]를 모
두 거두고, 법신의 진리[法身]와 반야의 지혜[般若]와 해탈의 작용
[解脫]이라는 니르바나의 세 덕[涅槃三德] 모두 거둠을 밝혀 보인
것이다.

그렇다면 반야심경이 밝히는 실상반야 곧 진리의 바탕[體] 은 무
엇인가.

'다섯 쌓임[五蘊]이 실로 있음도 아니고 실로 없음도 아닌 중도실
상(中道實相)'을 말한다.

반야심경의 표현으로는 '이 모든 법의 공한 모습[是諸法空相]'이
니, 다섯 쌓임[五蘊], 열두 들임[十二處; 十二入], 열여덟 법의 영역
[十八界], 사제(四諦), 십이연기(十二緣起)가 모두 있되 공하고 공함
도 공한 실상을 말한다.

　다섯 쌓임[五蘊] · 열두 들임[十二入] · 열여덟 법의 영역[十八界]은 연기로 일어난 세간법의 모습을 밝힌 법이다.

　사제(四諦) · 십이연기(十二緣起)는 무명으로 인해 괴로움이 일어나는 인과[流轉緣起]와 무명과 괴로움을 돌이켜 해탈 니르바나에 돌아가는 인과[還滅緣起]를 밝히고 있다.

　인연으로 있는 법은 있되 공하여 실로 있음도 아니고 실로 없음도 아니다.

　실로 있음이 아닌 곳에서 실로 있다는 집착을 일으키므로 공제(空諦)를 말하고 진제(眞諦)를 말하며, 실로 없음이 아닌 곳에서 공을 집착하므로 가제(假諦)를 말하고 속제(俗諦)를 말한다.

　그리고 끝내 공함과 거짓 있음, 진제와 속제가 둘 아님을 보이기 위해 '이 법의 공한 모습은 생겨남도 아니고 사라짐도 아니다'고 말하며, 공함 속에는 '세속법의 있는 모습이 없고 사제와 십이연기가 없고 십이연기의 다함도 없다'고 가르친다.

　이처럼 연기하는 존재의 진실을 공함[空諦]과 거짓 있음[假諦]과 중도[中諦]로 보인 것이 경이 밝히는 실상반야이고 진리의 바탕이다.

　경이 보이는 실천의 종지[宗]는 무엇인가. 관조반야이니, 다섯 쌓임이 다 공함[五蘊皆空]을 비추어 봄이다.

　이때 비추는 지혜 밖에 살피는바 경계가 있는 것이 아니라 지혜일 때 경계는 지혜인 경계이고 경계일 때 지혜는 경계인 지혜이다.

　살피는바 세간법에 얻을 모습이 없으므로 지혜에도 얻을 모습이 없으며, 아는바 경계의 모습에 모습 없으므로 아는 마음에 마음이 없는 것이다.

이 뜻을 경은 공함 가운데 아는 지혜도 없고 얻음도 없다〔無智亦無得〕고 말한다.

경에 보이는 실천의 효용〔用〕과 연결 지어 이 뜻을 다시 살펴보자. 다섯 쌓임이 공함을 비추어볼 때 여기 비추는 지혜가 있고 저기 살피는바 경계가 있는 것이 아니라, 지혜일 때 지혜는 진리인 지혜이다.

곧 지혜로 다섯 쌓임을 살필 때 아는 바에 실로 알 것이 없으므로 아는 지혜에도 실로 앎이 없는 것이다. 앎에 앎이 없고 모습에 모습 없으면 지혜도 없고 얻을 바도 없어서 온갖 걸림과 막힘을 뛰어넘게 된다.

앎에 앎 없고 앎 없음에 앎 없음도 없으면 지혜는 온전히 해탈의 활동으로 주어지고 해탈의 활동은 하되 함이 없어서 다시 법신의 고요함이 되는 것이다.

경의 표현으로 이는 '프라즈냐파라미타를 의지함으로 온갖 걸림과 두려움이 없고 온갖 괴로움과 액란을 건넘'이다.

여래의 해탈의 활동은 곧 법신인 지혜이다. 법신은 모습도 없고 모습 없음도 없으므로 해탈의 활동은 하되 함이 없고〔爲而無爲〕 아는 바에 아는 바가 없는 것이니, 건질 중생이 있다 해도 깊은 프라즈냐파라미타를 행하지 못함이고, 건질 중생이 없다 해도 깊은 프라즈냐파라미타를 행하지 못함이다.

또한 지혜인 해탈의 활동에 건짐이 실로 있다 해도 괴로움을 건너지 못함이고, 실로 건짐이 없다 해도 괴로움을 건너지 못함인 것이다.

오직 한량없는 중생을 건지고 건져 니르바나에 이르게 하되, 실로 한 중생도 건진 바 없는 광대한 행만이 있는 것이다.

반야심경의 가르침의 모습〔敎相〕은 무엇인가.

『반야심경』이 가르치는 프라즈냐의 활동에는 나와 건지는 중생의 모습이 없고 나와 세계에 두 모습이 없다. 그러므로 경이 가르치는 깊은 프라즈냐의 행〔深般若行〕이란 나의 해탈이 중생 해탈이 되는 넓고 큰 마음〔廣大心〕인 것이고 건지되 건짐 없는 행이 되는 것이다.

곧 『반야심경』의 가르침의 모습〔敎相〕은 법계의 진실이 온전히 실현되지 못한 히나야나(hīna-yāna; 小乘)의 작은 길이 아니니, 본 반야심경은 마하야나(mahāyāna; 大乘)가 가르침의 모습이다.

경의 제목 그대로 이 경은 '프라즈냐파라미타의 크나큰 행을 보이는 핵심의 경〔心經〕'이 되는 것이다.

그러므로 온갖 보디사트바의 지혜와 모든 붇다의 위없는 보디도 이 마하야나의 가르침을 의지하지 않고는 실현될 수 없으며, 마하야나의 온갖 가르침은 끝내 프라즈냐파라미타의 행 자체에 돌아가는 것이다. 경은 이 뜻을 '삼세 온갖 붇다도 프라즈냐파라미타를 의지해 위없는 보디를 얻었다'고 말하는 것이다.

③ 게송으로 제목의 뜻을 말함

옛 사람의 게송을 통해 경 제목의 뜻을 다시 살펴보자.

옛 사람〔崇寧琪〕은 프라즈냐파라미타라는 경의 이름에 대해 이렇게 노래한다.

> 프라즈냐파라미타라고 하는
> 이 경은 빛깔과 소리가 아닌데
> 중국말로 거짓되게 번역하였고
> 범어로 억지로 이름했도다.

> 발을 걷으니 가을빛은 차갑고
> 창을 여니 새벽 기운 맑도다.
> 만약 이와 같이 바로 안다면
> 경의 제목 아주 분명하리라.

> 般若波羅蜜 此經非色聲
> 唐言謾翻譯 梵語强安名

> 卷箔秋光冷 開窓曙氣清
> 若能如是會 題目甚分明

  말로 말할 수 없고 사유로 붙잡을 수 없는 중도의 진리, 법계의
진리[不思議法界]를 프라즈냐파라미타의 수트라로 나타내서 중생
을 해탈의 저 언덕에 이끄는 것이니, 달마선사 심경송(心經頌)은 이
렇게 노래한다.

> 지혜의 청정한 바다는
> 진리가 그윽하고 그윽하며
> 뜻은 아주 깊고 깊어서
> 멀리 저 언덕에 이르게 하네.

위없는 보디에 향하는 길
오직 반야의 마음 말미암으니
비록 천 가지 뜻을 많이 듣지만
실이 바늘 의지함 떠나지 않네.
수트라의 꽃 반야에 매었으니
만겁의 한량없는 세월에
뭇 어진 이 반야를 우러르네.

智慧淸淨海　理密義幽深
波羅到彼岸　向道祇由心
多聞千種意　不離線因針
經花糸一道　萬劫衆賢欽

말법제자 학담(鶴潭) 또한 한 노래로 찬탄하리라.

經之一字義深密　能詮法界般若旨
三種般若圓融一　五重玄義又明白

般若一經以何宗　無念無相無不相
無所住處如是度　花花草草顯般若

경이라는 한 글자의 뜻 깊고 깊어서
법계인 반야 종지 밝혀내나니
실상 관조 문자 세 가지 반야
두렷이 융통하여 하나이고
다섯 겹 깊은 뜻 또한 명백하도다.

반야의 한 경은 무엇이 종지인가.
생각에 생각 없고 모습 없지만
모습 아님도 또한 없는 것이네.
실로 머무는 바 없는 곳에서
이와 같이 저 언덕에 건너가니
우거진 꽃과 풀이 반야를 드러내네.

제2장 경의 본문 풀이

I. 경의 큰 뜻을 간략히 보임

반야심경원문

살핌이 자재한 보디사트바가
깊은 프라즈냐파라미타를 행할 때
다섯 쌓임이 다 공함을 비추어 보고
온갖 괴로움과 액란을 건넜다.

觀自在菩薩 行深般若波羅蜜多時
照見五蘊皆空 度一切苦厄

　연기법에서는 다른 것을 의지해서 나지 않는 법은 없으니 자아 없는 세계도 없고 세계 없는 자아도 없다. 자아와 세계가 같음도 아니고 다름도 아니므로 자아와 세계가 어울려 주체의 행이 일어나니, 행위를 떠난 자아도 없고 지금 보고 듣고 아는 주체의 행위 밖에 실로 있는 세계도 없다.

　그러므로 다섯 쌓임의 공한 실상 살피는 반야의 행이 미혹의 사트바(sattva; 衆生)를, '살핌이 자재한〔觀自在〕 보디사트바'가 되게 한다.

　또한 주체의 행위가 살핌이 자재한 반야행이 될 때 다섯 쌓임이 공한 실상이 온전히 실현되어 온갖 괴로움과 액란이 본래 공한 해탈의 저 언덕에 이르를 수 있다.

　본 단은 관자재보디사트바라는 해탈의 주체가 실천하는 반야행

을 들어, 법신(法身)·반야(般若)·해탈(解脫)이 원융한 해탈의 과
덕을 모두 보이고 있다.

다섯 쌓임의 공한 실상이 곧 여래가 깨친 존재의 실상이니, 존재
의 실상 그대로의 반야를 통해 지금 저 보디사트바는 이미 니르바
나의 저 언덕에 이르렀고, 반야로 인해 미망의 중생도 '살핌이 자
재한 보디사트바'가 될 것이다.

그리하여 고통의 중생도 온갖 괴로움과 액란을 건너 '살핌이 자
재한 보디사트바〔觀自在菩薩; Avalokiteśvara-bodhisattva〕'처럼 해
탈의 중생이 되는 것이다.

곧 실상 그대로의 보디(bodhi)의 땅에서 반야행이 일어나지만,
실상을 비춤 없이 비추는 반야의 머묾 없는 행으로 중생의 무명은
반야지혜가 되고 중생의 고통은 해탈의 기쁨이 되고 니르바나의
항상한 덕이 되는 것이다.

이때 '살피는바 다섯 쌓임이 모두 공함'이란 무엇이고, 비추어봄
은 무엇이고, 괴로움을 건넘은 무엇인가.

다섯 쌓임의 공한 실상이 법신(法身)이고 중도실상(實相)이며 법
계(法界)라면, 실상을 비춤 없이 비추어봄〔照見〕이 반야(般若)이고
온갖 괴로움과 액란 건넘이 해탈(解脫)이다.

법신 밖에 반야가 없고 반야 밖에 해탈이 없으며 해탈 밖에 다시
법신이 없어서 법신·반야·해탈은 같음도 아니고 다름도 아니며,
가로도 아니고 세로도 아니니 마혜슈라하늘왕의 세 눈〔三眼〕과 같
고 이(伊 : ॐ)자의 세 점〔三點〕과 같다.

반야는 법신인 반야이고 법신은 반야인 법신인데, 살피는바 진리
의 실상을 '다섯 쌓임의 공한 모습'이라 말한 것은 무엇을 보이기

위함이며 연기의 교설에서 여래께서 다섯 쌓임[pañca-skandha; 五蘊]을 보이신 뜻은 무엇인가.

먼저 존재론적으로 살펴보자.

저 브라흐만의 하나인 자[Tad Ekam; The One]를 믿는 제사계급들은 우주의 온갖 존재란 하나인 것의 굴러 변함[轉變]이라 한다.

그에 비해 하나인 자를 자신의 신분적 질곡을 옥죄이는 관념의 짐이라고 여기는 다원론자들은 온갖 존재란 물질적 정신적 요소들의 쌓여짐[積聚]이라 말한다.

붇다 또한 하나인 자의 전변을 반대하는 사문들의 사상적 입장에 함께 서계신다. 그러므로 붇다 또한 물질적 요인인 색법(色法; rūpa)과 정신적 요인[名; nāma]인 느낌[受; vedanā], 모습 취함[想; saṃjñā, 取像], 지어감[行; saṃskāra, 造作], 앎[識; vijñāna, 了別]의 상호관계를 통해 존재를 해명하신다.

그러나 붇다의 길과 바깥길[外道] 사문들의 세계관은 언어의 유사성에도 불구하고 서로 다르다. 바깥 길 사문들은 실체로서의 정신적 물질적 요인이 결합되어 존재가 이루어진다고 말하거나 거기에 정신적 물질적 요소들을 담는 보편적 형식을 덧붙여 존재를 해명한다.

그러나 붇다의 연기론은 온갖 존재에 대해 초월적인 하나인 자의 전변을 부정할 뿐 아니라 정신 물질적 요소들의 쌓여짐도 부정한다.

연기론에서 존재[我; ātman]는 정신 물질적 여러 법들[諸法; dharma]의 관계를 통해 일어나므로 존재가 공하지만[我空], 여러 법들 또한 실체로서의 법이 아니라 그 법 또한 다른 법에 의지해 일어나므로 법들 또한 공하다〔法空〕.

존재를 일으키는 여러 법들이 없지 않으므로〔非無故〕 존재가 공하고〔我空〕, 여러 법들이 실로 있지 않으므로〔非有故〕 존재가 없지 않다〔妙有〕.

또한 존재가 있되 있지 않으므로〔非有故〕 존재의 요인이 되는 여러 법들이 없되 없지 않으며, 존재가 없되 없지 않으므로 존재의 요인이 되는 여러 법들이 있되 있지 않다〔法空〕.

연기론은 이와 같이 존재〔我〕와 존재를 이뤄내는 여러 요인들〔諸法〕이 모두 실로 있지 않음을 밝혀 일원적 초월주의와 다원적 실체주의를 함께 넘어선다.

곧 존재가 여러 현실적 요인들에 의해 이뤄진다고 말함으로써 초월적인 '하나인 자'의 실체를 깨뜨리며, 다시 정신 물질적 요인의 실체와 여러 요소들을 담아주는 보편적 존재의 형식 그 실체를 모두 부정하므로 다원주의자들의 원자적 세계관을 깨뜨린다.

그러나 존재를 구성하는 여러 법들의 있음 아닌 있음을 인정하므로 다원주의를 살려내고, 존재가 공할 뿐 아니라 존재를 이루는 여러 법들마저 공함으로 연기되는 존재 서로 사이의 개방성을 밝힘으로써 일원론의 보편성을 살려낸다.

연기론은 기존 브라마나의 초월주의의 세계관과 바깥길 사문들의 현실주의적 요소적 세계관을 모두 넘어서고〔雙遮〕 모두 살린다〔雙照〕.

'다섯 쌓임의 정신적 물질적 요인이 다 공하다〔五蘊皆空〕'고 말씀한 것은 연기의 깊은 뜻을 왜곡하여 존재는 공하지만〔我空〕 존재를 구성하는 여러 법들은 실재한다〔法有〕는 치우친 견해를 깨뜨리기 위함이다.

그러나 어떤 것의 있음 아닌 있음을 실로 있음으로 집착하므로 '공하다'고 말씀하였지만, 있음이 있음 아닌 있음인 줄 깨달으면 공하다 할 것이 없다.

다섯 쌓임의 있되 공한 실상, 다섯 쌓임의 공적한 집〔五蘊空寂舍〕이 법계의 집〔法界家〕이고 해탈의 집〔解脫家〕이며 여래의 방〔如來室〕이다.

다만 중생이 그 있음을 있음으로 집착하므로 있음이 있음 아닌 있음임을 보이기 위해 공하다고 한 것이니, 공을 공이라 하면 이는 '끊어져 없어짐에 떨어진 바깥길〔落空外道〕'이다.

이를 다시 인식론적으로 살펴보자.

연기법에서 아는 마음은 여기 실체로서 있는 마음이 아니고 알려지는 세계 또한 마음 밖에 덩어리로 있는 세계가 아니다. 저 세계는 마음이 알 때 아는 마음〔能知〕의 아는 바〔所知〕로 주어지는 세계 아닌 세계이다.

다섯 쌓임에서 물질법〔色法〕은 마음의 토대이자 마음의 아는 바로 주어지는 물질이고, 느낌〔受〕・모습 취함〔想〕・지어감〔行〕・앎〔識〕은 아는 바를 의지해 일어나 아는 바 세계를 마음인 세계로 떠올리는 마음 아닌 마음이다.

마음이 세계인 마음이라 마음이 있되 공하고 세계가 마음인 세계라 세계 또한 있되 공하니, 마음에서 마음 떠나면 세계의 모습에서 모습을 떠난다.

다섯 쌓임은 마음과 세계를 있음〔有〕이라 집착하므로 '다섯 쌓임이 공하다'고 가르치는 것이니, 마음과 세계를 모두 막고〔雙遮心境〕모두 살리면〔雙照心境〕그 마음은 마음이되 마음 아니고 마음 아니되 마음 아님도 아니다. 마음 있음〔有心〕과 마음 없음〔無心〕을 떠난 중도의 이 마음이 보디의 마음이고 이것이 곧 다섯 쌓임의 공성을 통달하여 깊이 프라즈냐파라미타를 행함이다.

보디사트바가 프라즈냐파라미타를 행할 때 그는 아는 자〔根〕와 아는 바〔境〕, 아는 자와 아는 바가 어울린 마음〔識〕에 모두 머물지 않는다. 실로 있음이 아니므로 머물지 않되 실로 없음이 아니므로 버리지 않으니, 아는 자·아는 바·아는 마음을 모두 있음 아닌 있음으로 세우면 그것이 곧 머묾 없는 바탕을 좇아〔從無住本〕 온갖 법을 세움 없이 세움이다.

이를 다시 화엄교(華嚴敎)의 뜻으로 살펴보자.

'다섯 쌓임의 공한 실상'이 여래의 집이고 '바이로차나 법계〔毘盧法界〕'이니, 바이로차나(Vairocana) 법계〔dharma-dhātu〕는 진리인 지혜와 지혜인 진리가 하나됨으로 주어진다.

지혜인 진리 곧 모습에 모습 없는 참모습을 보현의 진리〔普賢理〕라 하고, 진리인 지혜 곧 생각에 생각 없는 참지혜를 문수의 지혜〔文殊智〕라 한다.

진리인 지혜는 생각에 생각 없고 생각 없음에 생각 없음도 없으니, 그 지혜는 함이 있음에도 머물지 않고 함이 없음에도 머물지 않는 창조적 행으로 발현된다. 함이 있음과 함이 없음을 모두 넘어서는 이 창조적 행을 보현의 행〔普賢行〕이라 한다.

보현의 행은 바이로차나 법계에 드는 실천행이자 바이로차나 법계진리의 발현이 되니, 깊은 프라즈냐파라미타를 행하는 자, 그는 집안 일(家裏事) 떠나지 않고 길 가는 자이고 길 가는 일(途中事) 가운데 집안소식을 쓰는 자이다.

  그러니 어찌 닦아서 바이로차나 법계의 공덕을 얻으려 하는가.

  깊이 프라즈냐파라미타를 행해 다섯 쌓임의 실상을 바로 보는 자, 그가 생각 생각 문수의 지혜를 발하고 걸음 걸음 보현의 발걸음으로 걸어 나고 죽음의 이 언덕에서 바이로차나 공덕을 온전히 쓰는 자가 될 것이다.

  깊은 프라즈냐행으로 다섯 쌓임의 공성(五蘊空性)을 통달하면 가되 감이 없고 하되 함이 없이, 생각 생각 온갖 괴로움과 액란을 뛰어넘어 바이로차나 공덕을 온전히 쓰게 되는 것이다.

  이러한 참사람의 소식을 옛 사람(丹霞淳)은 다음 같이 노래한다.

        귀가 들을 때 눈이 또한 통하니
        한 아는 뿌리 돌이키면 여섯 뿌리 융통하네.
        붇다와 조사의 비어 밝은 곳을 알려는가.
        묘함이 소리 냄새 맛 닿음 속에 있도다.

        耳界聞時眼界通　一根旋返六根融
        欲知佛祖虛明地　妙在聲香味觸中

        금종이 비록 울리지만
        별과 달이 나뉘지 않으니
        등과 초를 빌리어 밝은 빛 삼고
        소리와 티끌 의지해 불사를 한다.

여기에 환한 빛 어울려 빛나고
소리와 울림이 서로 어울리되
보고 들음을 멀리 벗어나고
빛깔 소리 아득히 뛰어났다.

金鐘雖韻　星月未分
假燈燭爲光明　仗聲塵爲佛事
於是　熒煌交映　音韻相和
逈出見聞　逈超聲色

또 천동각(天童覺)선사는 다섯 쌓임의 있는 모습에도 머물지 않고 없는 모습에도 머물지 않는 자재의 길을 이렇게 노래한다.

발자취 없애 소식을 끊음이여
흰 구름에 뿌리가 없으니
맑은 바람이 무슨 빛깔이리.
하늘 덮개 흩뜨리니 마음이 아니지만
땅의 가마 잡음에 도리어 힘이 있도다.
천고의 깊은 근원 통달하고
만상의 모범에 나아감이여
세계의 티끌이 말할 줄 아니
곳곳이 모두 보현이요
누각의 문이 활짝 열리니
온갖 것이 마이트레야네.

沒蹤迹斷消息 白雲無根淸風何色

散乾蓋而非心 持坤輿而有力
洞千古之淵源 造萬像之模則
刹塵道會也 處處普賢
樓閣門開也 頭頭彌勒

위에서 말한 뜻을 심경송을 통해 살펴보자.
달마선사 심경송은 연기의 진실 통달해 '살핌이 자재한 보디사트
바〔觀自在菩薩〕'를 이렇게 노래한다.

보디사트바의 빼어나고 거룩한 지혜
여섯 아는 뿌리 널리 모두 같아서
마음이 공해 살핌이 자재하니
걸림 없는 크나큰 신통이로다.

디야나의 문에서 사마디 들어
사마디로 동과 서에 맡겨 따르며
시방에 두루 노닐어 다니지만
붇다의 가신 자취 볼 수 없어라.

菩薩超聖智　六處悉皆同
心空觀自在　無閡大神通

禪門入正受　三昧任西東
十方遊歷遍　不見佛行蹤

보디사트바의 '깊은 프라즈냐파라미타 행함〔行心般若波羅密多〕'을

심경송은 이렇게 노래한다.

　　여섯 해에 크나큰 도를 구하여
　　그 행이 깊지만 몸을 떠나지 않네.
　　지혜가 해탈하고 마음이 해탈하면
　　저 언덕머리 이르른 사람이리.

　　거룩한 도 공해 고요하고 고요함
　　이와 같이 내가 지금 들으니
　　붇다의 행 평등하신 뜻은
　　때가 되면 듣는 이 또한 깨달아
　　스스로 미혹한 무리 벗어나리.

　　六年求大道　行深不離身
　　智慧心解脫　達彼岸頭人

　　聖道空寂寂　如是我今聞
　　佛行平等意　時到自超群

'다섯 쌓임이 모두 공함 비추어 봄〔照見五蘊皆空〕'에 대해 심경송
은 노래한다.

　　중생의 탐욕과 애착으로
　　다섯 가지 물든 쌓임 이루니
　　거짓 합해 몸이 되었네.
　　피와 살이 힘줄과 뼈에 이어지니

살갗 속에 한 무더기 티끌이네.

미혹한 무리 즐겨 집착하지만
지혜로운 이는 가까이 하지 않네.
물질을 이루는 땅 물 불 바람
네 모습이 다 다함에 돌아가나니
무엇을 참됨이라 말할 것인가.

貪愛成五蘊　假合得爲身
血肉連筋骨　皮裏一堆塵

迷徒生樂著　智者不爲親
四相皆歸盡　呼甚乃爲眞

'온갖 괴로움과 액란 건넘〔度一切苦厄〕'을 심경송은 이렇게 노래
한다.

허망하게 매여 몸이 괴로움이 되고
사람과 나에 마음 저절로 미혹하네.
니르바나의 맑고 깨끗한 도가
뉘라서 집착된 마음 의지한다 할 것인가.

다섯 쌓임 열여덟 법의 영역
여섯 티끌의 있는 모습 일어나면
액란과 업이 서로 따르나니
만약 마음에 괴로움 없고자 하면
어서 반야를 듣고 보디 깨치라.

妄繫身爲苦　人我心自迷
涅槃淸淨道　誰肯著心依

陰界六塵起　厄難業相隨
若要心無苦　聞早悟菩提

말법제자 학담 또한 한 노래를 바치리라.

五蘊皆空無礙處　法界空寂如來舍
心境雙遮亦雙照　念念文殊行普賢

入林不動一莖草　入水不動一曲波
荊棘林中自在行　劍樹刀山蓮華出

다섯 쌓임이 모두 공해 걸림 없는 곳
법계의 공적한 여래의 집이로다.
마음 경계 모두 막고 모두 비추면
생각 생각 문수요 가는 걸음 보현이네.

숲에 들어 한 줄기 풀 움직이지 않고
물에 들어 한 굽이 물 움직이지 않네.
가시 숲에 들어서 자재히 걸으니
칼나무 칼산 지옥에 연꽃이 솟네.

Ⅱ. 다섯 쌓임을 잡아 모든 법의 중도실상을 보임

1. 먼저 다섯 쌓임의 공함과 거짓 있음을 보임

반야심경원문

샤리푸트라여
물질이 공과 다르지 않고
공이 물질과 다르지 않아
물질이 공하고 공이 곧 물질이며
느낌 · 모습 취함 · 지어감 · 앎도
또한 다시 이와 같도다.

舍利子 色不異空 空不異色
色卽是空 空卽是色
受想行識 亦復如是

샤리푸트라는 붇다의 제자 가운데 지혜가 으뜸인 제자이다.
샤리푸트라는 원래 산자야교단의 으뜸 제자로 라자그리하성의
거리를 걸어가는 아슈바짓 비구의 고요하고 단정한 자태와 그가
전한 게송을 듣고 그 뜻을 깨달아, 벗 목갈라야나와 함께 여래의
상가에 입문하였다.
존자는 붇다 상가를 이끄는 맨 윗자리 장로비구로 늘 크신 스승
붇다로부터 칭찬을 들었던 제자이다.

그가 어찌 연기의 진실을 통달하지 못하고 존재[我; ātman]와 존재를 이루는 법(法; dharma)에 대한 집착을 일으키겠는가.

다만 '모든 법이 연기한다'는 가르침을 듣고 연기해서 일어난 것은 공하되 존재를 일으키는 여러 가지 법은 실재한다는 이들의 집착을 깨기 위해, 지혜가 으뜸인 샤리푸트라를 보디사트바의 법을 들어 배우는 이로 삼아 법의 자리를 펼친 것이다.

그리하여 다섯 쌓임으로 인해 난 존재도 공하고 존재를 존재이게 하는 다섯 쌓임의 법도 공함을 보인 것이다.

그것은 '소리 들어 깨친 이[聲聞; śrāvaka]' 가운데 가장 높은 제자인 샤리푸트라를 들어, '소리 들어 깨친 이'를 이상적인 수행자상으로 여기어 높이 받들되 '소리 들어 깨침'의 참된 뜻을 모르는 이들을 깨우치기 위함이다.

여래의 가르침의 소리를 들어 연기의 진실 깨치는 이는, 깨칠 그때 저 듣는바 소리가 오되 옴이 없고[來而不來] 나의 귀가 듣되 들음[聞而不聞]을 바로 알게 된다.

붇다께서 니르바나에 드신 뒤 테라바다(Thera-Vāda)의 많은 상가제자들은 '소리 들어 깨친 이' '아라한'을 이상적인 수행자상으로 생각하며 수행하였다.

그러나 그들은 법에 의해 일어난 존재는 공하지만[我空] 존재를 일으키는 법은 실재한다[法執]는 견해를 가지고, 성문제자들의 깨달음을 왜곡하였다.

『아함경』에 보면 붇다 계시던 그때에도 법집(法執)을 온전히 떨치지 못하고 십이연기의 법[十二緣起法]을 사유하는 아난다께 붇다는 '십이연기가 곧 진여라 연기의 진리는 깊고 깊은 것이다'라고 깨우치신다.

어찌 부파불교시대 테라바다의 치우친 수행자들만 법집의 견해에 빠졌겠는가. 지금도 몇 십 년 참선했다는 수행자들도 같은 견해를 말하고 있는 이가 많고 많으니, 참으로 살피고 살펴야 할 것이다.

법집에 빠진 이들은 연기법을 말하면서 '인연으로 존재가 있으므로 인연이 흩어지면 존재가 사라진다'고 말한다.

그러나 존재를 존재이게 하는 법도 공한 줄 알면 인연이 모여 합해도 실로 쌓여짐이 없는 것[不聚]이며, 인연이 흩어져 나가도 실로 흩어짐이 없는 것[不散]이다.

'온갖 법이 인연으로 난다[緣起生]'는 말씀이 곧 '법이 나되 남이 없음[生而無生]'을 보이는 뜻임을 바로 알지 못하면, 여래의 연기의 뜻[緣起義]을 모르는 것이다.

연기의 진실을 알면 생각에 생각 없고 모습에 모습 없다. 그러므로 연기의 진실을 사무쳐 생각에서 생각 떠나면 단박 깨침[頓悟]의 뜻이 갖춰지고, 생각에 생각이 없으므로 생각 없음에서 생각 없음을 떠날 때 단박 닦음[頓修]의 뜻이 갖춰지는 것이다.

샤리푸트라라는 이름은 샤리(Śāri)라는 이름 가진 어머니의 아들이라는 뜻이다.

샤리푸트라 존자는 원래 산자야 교단에 몸담고 있었던 산자야의 제자였다. 어느날 라자그리하성을 거닐다 저만큼 가사를 입고 발우를 들고 걸어오는 아슈바짓(Aśvajit; 馬勝) 비구를 보았다.

사마디에 들어 고요히 걸어가는 비구에게 '그대 스승은 누구이며 그 가르침은 무엇인가'를 묻는다.

그러자 아슈바짓은 다음 게송으로 답한다.

> 모든 법은 인연으로 생기고
> 모든 법은 인연으로 사라지네.
> 우리 붓다 크신 사문께서는
> 늘 이와 같이 설법하시네.

> 諸法從緣生　諸法從緣滅
> 我佛大沙門　常作如是說

샤리푸트라 존자는 이 게송을 듣고 바로 깨달아 붓다의 상가에 들어오게 되었으니, 이 게송의 뜻을 다시 살펴보자.

여기서 모든 법[諸法]은 그 언어의 용법이 존재를 일으키는 안팎의 요인을 말하는 것이 아니라, 인연(因緣)에 의해 일어난 결과[果]로서의 모든 존재를 말한다.

결과로 있는 법은 인연에 의해 일어나 있는 것이므로 실로 없지 않다. 그러나 그 법은 인연에 의해 일어난 것이므로 실로 있지 않다.

인연은 결과를 일으키는 것이므로 실로 없지 않다.

결과를 일으키는 인연이 실체적 원자와 같은 인연이라면 서로 합해 결과를 낼 수 없으므로 인연은 실로 있는 것이 아니다.

결과는 원인과 조건을 떠나 없지만 지금 결과 속에 원인과 조건이 덩어리로서 있지 않으니, 원인과 결과 사이에 같은 것이 이어진다고 말할 수 없으나 앞과 뒤 사이가 아주 끊어짐이라고도 말할 수 없다. 결과 속에 원인이 없지만 원인을 떠나 결과가 없으므로 원인과 결과는 같음도 아니고 달라짐도 아니며, 공한 원인과 공한 조건이 서로 합해 공한 결과를 냈으므로 결과는 나되 남이 없는 것〔生而無生〕이다.

　모든 법이 인연에 의해 났으므로 법이 실로 없다고 말할 수 없고, 모든 법이 인연에 의해 사라지므로 법이 실로 있다고 말할 수 없으니, 크신 사문 붇다께서는 늘 '있음과 없음 두 치우친 가를 떠나〔離於二邊〕 가운데 길에 서 계시며〔處於中道〕' 연기의 진실을 가르친다.

　여래의 가르침에 의하면 주체적 요인이 바깥 여건을 만나 존재를 냈으니 법은 스스로 짓는 것이 아니다〔非自作〕.

　주체적 요인이 없이 바깥 여건만으로 존재를 낸 것이 아니므로 법은 남이 짓는 것도 아니다〔非他作〕.

　주체적 요인과 여건이 공한 원인과 여건이므로 실체로서 안의 요인과 바깥 조건이 합해 결과를 낸 것이 아니다〔非自他作〕.

　그러나 주체적 요인과 바깥 여건을 떠나 결과가 있는 것이 아니니 원인 없이 지어진 것도 아니다〔非無因作〕.

　그러므로 모든 법은 나되 남이 없는 것〔生而無生〕이다.

　『화엄경(昇夜摩天宮品)』은 나되 남이 없는 연기의 뜻을 다시 이렇게 말한다.

　　온갖 법은 생겨남이 없고
　　또한 다시 사라짐 없네.
　　만약 이와 같이 알 수 있다면
　　이 사람은 여래를 뵙게 되리.

一切法無生　亦復無有滅
若能如是解　斯人見如來

　연기의 뜻을 보고 듣는 앎활동을 통해 살펴보자.
　지금 중생이 눈〔眼根〕으로 꽃〔色境〕을 볼 때 꽃이라는 앎〔眼識〕이
일어난다. 꽃이라는 앎은 눈 스스로 낸 것이 아니고〔非自作〕, 꽃이
낸 것도 아니며〔非他作〕, 실체로서 눈과 꽃이 합해 낸 것도 아니나
〔非自他作〕 눈과 꽃을 떠나서 난 것도 아니다〔非無因作〕.
　『아함경』 가운데 '손뼉으로 비유해보인 경'에서 붇다는 이렇게
가르친다.

　　"손뼉을 쳐서 소리가 날 때 그 소리는 왼손에서 난 것도 아니
　　고 오른손에서 난 것도 아니며, 왼손 오른손을 합해서 난 것도
　　아니나 왼손 오른손을 떠나 난 것도 아니다. 그러므로 소리는
　　나되 남이 없다."

　이처럼 앎〔識〕은 안의 아는 뿌리〔內根〕가 낸 것도 아니고 바깥 경
계〔外境〕가 낸 것도 아니고, 안과 밖을 합한 곳에서 난 것이 아니지
만 안과 밖을 떠나 난 것도 아니다.
　눈의 앎이 날 때 아는 뿌리와 알려지는 경계에서 앎이 일어나지
만, 저 아는 뿌리와 바깥 보여지는 경계는 지금 알 때 앎활동〔識〕
자체인 자아〔內根〕와 세계〔外境〕로 주어진다.
　눈이 꽃을 보고 일어난 눈의 앎〔眼識〕을 들어 '다섯 쌓임의 교설'

을 살펴보자. 저 보여지는 꽃은 빛깔과 냄새를 갖춘 물질경계〔色境〕이고 눈〔眼〕 또한 물질이지만 눈은 아는 뜻뿌리〔意根〕와 함께 움직여 사물을 보는 눈뿌리〔眼根〕가 된다.

눈이 꽃을 볼 때, 저 꽃을 먼저 감각적으로 받아들이고 느껴〔受; 領納〕꽃을 앎의 아는 바로 취하게 되니, 이것이 모습 취함〔取受; saṃjñāna〕이다.

꽃을 나와 다르되 같은 내 마음의 모습으로 취하게 되면, 모습 취함은 때와 곳 언어 숫자 등을 매개로 하여 꽃이라는 구체적인 앎을 짓는 세력을 이루니, 이것이 지어감〔行〕이다.

지어감을 통해 꽃을 나와 같되 나와 다른 것으로 가려 아는〔了別; vijñāna〕구체적인 앎〔眼識〕이 형성된다.

앎이 꽃을 자기 내용으로 구성하되 대상화하는 마음 자체〔心王〕라면 느낌·모습 취함·지어감은 마음 작용〔心所〕이니, 이 네 법이 마음법〔心法〕이고 알려지는바 꽃은 물질법〔色法〕이다.

그러나 다섯 쌓임은 따로 고립된 법이 아니고 마음은 물질을 통해 일어나고 물질은 마음인 물질로 구성되는 물질 아닌 물질이니 마음도 있되 공하고 물질도 있되 공하다.

그러므로 경은 '다섯 쌓임이 공하다'고 한 것이니, 공하다고 함은 연기로 있는 존재가 있되 실로 있음 아님〔有而非有〕을 말하고 연기로 나는 것이 나되 남이 없음〔生而無生〕을 보인 것이다.

다섯 쌓임은 연기로 일어나므로 있되 공하고 공하기 때문에 연기한다. 연기한 것이라 공하므로 실로 있음〔實非有〕이 아니고, 공하기 때문에 연기하므로 실로 없음〔實非無〕이 아니다.

그러므로 크신 스승으로부터 온갖 법이 연기한다는 가르침을 들으면 그 말씀을 듣는 이〔聲聞〕는 실로 있음과 실로 없음을 떠나 있음도 아니고 없음도 아닌 중도의 진실을 보아야 한다.

또한 참된 성문의 제자라면 연기로 난다〔緣起生〕는 말을 들으면 나되 남이 없되〔生不生〕 남이 없이 남〔不生生〕을 알아듣고, 끝내 나되 남 없음과 남이 없이 남의 자취를 모두 뛰어넘어야 하는 것〔不生不生〕이다.

여래의 가르침은 중생의 집착과 미혹에 따라 달리 설해진다.

실로 사유에 사유가 끊어지고 말에 말이 끊어진 법계의 진리에는 있다 함〔有〕과 없다 함〔無〕, 있기도 하고 없기도 함〔亦有亦無〕, 있음도 아니고 없음도 아님〔非有非無〕의 네 구절이 모두 붙을 곳이 없다.

그러나 중생이 있음을 집착하면 없음으로 깨우치고 중생이 없음을 집착하면 있음으로 깨우친다.

있음을 깨기 위한 공(空)을 집착하면 '있기도 하고 없기도 함〔亦有亦無〕'으로 가르치고, '있기도 하고 없기도 함'을 허튼 논란으로 따지면 끝내 '있음도 아니고 없음도 아님〔非有非無〕'으로 말의 자취를 깨뜨린다.

그래서 여래는 연기하는 세속제의 있되 있음 아닌 진실을 등진 중생이 있음을 집착하면 진제(眞諦)를 세워 그 있음의 집착을 깨뜨리기 위해 '다섯 쌓임이 곧 공하다'고 가르친다.

그러나 진제의 공함을 집착하면 세속제의 이름으로 공을 깨뜨리기 위해 '공이 곧 다섯 쌓임이다'라고 가르친다.

'다섯 쌓임이 곧 공하다'고 함이 연기된 있음을 집착하는 이들에게 진제(眞諦) 공제(空諦)를 세워 보임이고, '공이 곧 다섯 쌓임이다'

라고 함이 공을 집착하는 이들에게 속제(俗諦)를 세워 연기된 있음
이 있음 아닌 있음임을 보임이니 가제(假諦)이다.

　공제가 존재의 있되 있음 아님을 보이고 가제가 없되 없음 아님
을 보임이라 공제와 가제가 평등한 것이니, 공이 어찌 물질과 다르
고 물질이 어찌 공과 다르겠는가.

　또한 느낌·모습 취함·지어감·앎이 있되 실로 있음이 아닌데
어찌 공과 다르겠는가.

　옛 사람〔修山主〕은 공함과 거짓 있음이 평등한 뜻을 이렇게 노래
한다.

　　　해탈의 길을 알려 하는가.
　　　모든 법이 서로 이르지 않는다.
　　　눈과 귀에 보고 들음 끊겼으나
　　　빛깔 소리가 아득히 시끄럽다.

　　　欲識解脫道 諸法不相到
　　　眼耳絶見聞 聲色鬧浩浩

　연기의 진리에서 온갖 법은 원인과 조건이 모여 결과를 낸다. 그
러나 원인은 공한 원인이고 조건도 공한 조건이며 결과도 공한 결
과라 원인과 조건이 만나 결과를 내나, 원인이 조건에 이르름이 없
고 원인과 조건이 어울려 결과를 내지만 결과 안에 원인과 조건이
이르지 않는다.

　'모든 법이 서로 이르지 않는다' 함이 '다섯 쌓임이 공함'이라면

공하므로 법과 법이 어울려 새로운 법이 나는 것은 '공하므로 다섯 쌓임이 있음'이다. 곧 다섯 쌓임이 공하므로 눈이 빛깔에 이르지 않고 보고 들음 끊겼으나 공하므로 다섯 쌓임이 있으니 빛깔과 소리가 아득히 시끄러운 것이다.

　수산주선사가 '모든 법이 서로 이르지 않는다'고 함은 『화엄경』에서 '모든 법이 서로 알지 않는다〔諸法不相知〕'는 뜻을 다시 구성한 뜻이니, 『화엄경(光明覺品)』은 말한다.

> 모든 법은 지어 씀이 없고
> 또한 자체 성품이 없네.
> 그러므로 저 온갖 것은
> 각각 서로 알지 못하네.
>
> 비유하면 강 가운데 물이
> 세차게 흘러 다투어 가지만
> 각각 서로 알지 못하니
> 모든 법도 또한 이와 같도다.
>
> 諸法無作用　亦無有體性
> 是故彼一切　各各不相知
>
> 譬如河中水　湍流競奔逝
> 各各不相知　諸法亦如是

모든 법이 공해 서로 이르지 않지만 공하기 때문에 서로 어울려 법이 남이 없이 나는 뜻을, 원오선사(圓悟勤)는 이렇게 집어 말한다.

소리가 귀에 이르지 않고
빛깔은 눈에 이르지 않지만
소리와 빛깔 어울려 섞이어
만 가지 법이 드러나 있다.

聲不到耳 色不到眼
聲色交縱 萬法成現

말해보라. 해탈의 길을 밟았는가.
이 뜻을 깨우치지 못하면 수행해도 헛고생이다.

且道 還踏著解脫道也無 不省這个意 修行徒苦辛

달마선사 심경송을 통해 위 뜻을 살펴보자.
심경송은 먼저 '샤리푸트라〔舍利子〕'를 불러 가르치시는 뜻을 이
렇게 노래한다.

도를 통달함은 마음바탕 말미암으니
마음이 깨끗하면 이익됨이 아주 많으리.
연꽃이 물을 벗어남과 같이
단박 깨쳐 도의 근원에 어울리면
늘 고요한 모습에 머물게 되어
지혜는 뭇 어려움을 벗어나리.
홀로 삼계 밖으로 벗어나게 되면
다시 사바를 그리워하지 않으리.

達道由心本　心淨利還多
如蓮華出水　頓覺道源和
常居寂滅相　智慧衆難過
獨超三界外　更不戀娑婆

　'물질법과 공이 다르지 않음〔色不異空 空不異色〕'을 심경송은 이렇게 노래한다.

　　물질과 공은 한 가지인데
　　진리의 땅 이르지 못하여
　　치우친 이들 두 가지를 보아서
　　헛된 분별을 일으키며
　　나와 법의 모습 집착하여서
　　스스로 그 마음이 교만하네.

　　공함 밖에 따로 물질이 없으니
　　물질이 물질 아닌 뜻 넓고 넓도다.
　　남이 없는 청정한 물질의 성품
　　깨치게 되면 곧 니르바나네.

色與空一種　未到見兩般
二乘生分別　執相自心謾

空外無別色　非色義能寬
無生淸淨性　悟者卽涅槃

'물질이 공이고 공이 물질임〔色卽是空 空卽是色〕'을 심경송은 이렇게 노래한다.

　　공 아닌 공은 있음 아니고
　　물질 아닌 물질은 모습 아니라
　　물질과 공이 같이 하나에 돌아가면
　　정토에서 편안함을 얻게 되리.

　　공 아닌 공이 묘함이 되면
　　물질 아닌 물질이 분명하리니
　　물질과 공이 모두 모습 아니면
　　어느 곳에 몸의 모습 세울 것인가.

　　非空空不有　非色色無形
　　色空同歸一　淨土得安寧

　　非空空爲妙　非色色分明
　　色空皆非相　甚處立身形

'느낌·모습 취함·지어감·앎 또한 공함〔受想行識 亦復如是〕'을 심경송은 이렇게 노래한다.

　　느끼고 모습 취해 모든 경계 받으면
　　지어감과 앎의 헤아림 넓고 넓으니
　　두루 헤아리는 마음 없애게 되면
　　나라는 병과 서로 걸리지 않으리.

해탈의 마음은 걸림 없나니
집착 깨뜨려 마음 근원 깨치라.
그러므로 마음 또한 이와 같다 하니
공한 성품과 다섯 쌓임의 모습은
서로 같아 한가지로다.

受想納諸緣　行識量能寬
遍計心須滅　我病不相于

解脫心無礙　破執悟心源
故云亦如是　性相一般般

말법제자 학담 또한 한 노래로 마하야나의 수트라를 찬탄하리라.

五蘊卽空空卽蘊　空假平等無二相
能知心空所知空　夜半寂聽洛花聲

眼色不合耳聲然　根境不有識亦空
於知無知行般若　波羅到岸心安樂

다섯 쌓임이 곧 공하고 공이 곧 쌓임이니
공함과 거짓 있음 평등해 두 모습 없어라.
아는 마음이 공하고 아는 바가 공하지만
한밤에 고요히 꽃 지는 소리 듣노라.

눈과 빛이 합하지 않고
귀와 소리도 또한 그러니

아는 뿌리와 경계 실로 있지 않으며
안과 밖이 어울린 앎 또한 공하도다.
알되 앎에서 앎이 없이
프라즈냐파라미타를 행하면
저 언덕에 건너가 마음 안락하리.

2. 모든 법의 중도실상을 밝힘

반야심경원문

샤리푸트라여, 이 모든 법의 공함 모습은
나지 않고 사라지지 않으며
더럽지 않고 깨끗하지도 않으며
늘지도 않고 줄어들지도 않는다.

舍利子 是諸法空相
不生不滅 不垢不淨 不增不滅

온갖 법은 인연으로 일어나므로 있되 공하고, 있음이 곧 공하므로 공함 또한 공하니, 실로 있음과 실로 없음을 모두 떠나야 인연으로 나는 법의 진실을 본다.
나가르주나존자의 『중론송』은 이렇게 말한다.

인연으로 나는 법을
나는 곧 공하다고 한다.
또한 거짓 이름이 되고
또한 중도의 뜻이라 한다.

因緣所生法 我說卽是空
亦爲是假名 亦名中道義

　인연으로 나는 결과로서의 법은 공한 원인과 공한 여건이 어울려 난 법이므로 그 법이 있되 있음 아니니 그것을 공하다고 한다. 거짓 이름[假名]이란 공함도 공해 공하므로 법이 거짓 있음으로 있는 것을 말하니, 실로 없음을 깨뜨림이다.

　인연으로 난 법에서 실로 있음과 실로 없음을 떠나면 그것을 중도라 하니, 중도가 바로 인연으로 나는 법의 진실이다.

　인연으로 나는 법은 나되 남이 없고 사라지되 사라짐이 없다.

　온갖 법이 인연으로 나되 남이 없으므로 법은 실로 일어나고 사라짐이 아니고[法無起滅], 공하므로 새롭게 남이 없이 나고 사라짐 없이 사라지므로 늘 머물러 있음이 아니다[無有常住].

　법이 '덧없이 일어나 사라진다'고 하면 끊어져 없어짐의 견해[斷見]가 되고, 법이 '늘 머물러 있다'고 하면 항상하다는 견해[常見]가 되니, 두 견해가 모두 연기의 진실을 등지는 것이다.

　나가르주나존자의 『중론송』은 말한다.

　　　남도 아니고 사라짐도 아니며
　　　같음도 아니고 달라짐도 아니며
　　　끊어짐도 아니고 항상함도 아니며
　　　옴도 아니고 나감도 아니네.

　　　不生亦不滅　不一亦不異
　　　不斷亦不常　不來亦不出

　나가르주나의 위 게송이 곧 반야심경의 나지 않고 사라지지 않는 뜻을 다시 밝힘이니, 인연으로 남은 나되 나지 않음이고 인연으로 사라짐은 사라지되 사라지지 않음이다.

지금 있는 법은 인연으로 있어서 지금 있는 법은 있되 공하다. 지금 있는 법이 공하므로 지금 있는 법이 사라지고 뒤의 법이 생긴다. 그러나 지금 있는 법은 인연으로 있어서 실로 없지 않으며, 실로 없지 않으므로 지금 있는 법을 토대로 뒤의 법이 생긴다.

그러므로 지금의 법과 뒤의 법은 같다 해서도 안 되지만 달라졌다 해도 안 된다〔不一不異〕.

지금의 법이 사라지고 뒤의 법이 생기나 사라지되 사라짐 없고 생기되 생김 없으므로 앞의 법이 끊어져 없어진 것이 아니고, 앞의 법이 그대로 뒤의 법이 된 것도 아니다〔不斷不常〕.

법이 생기되 좇아온 바가 없고 법이 사라지되 간 곳이 없으니, 온다고 해서도 안 되고 간다고 해서도 안 된다〔不來不出〕.

이 뜻을 경의 원문에 돌아가 살펴보자.

경에서 공한 모습이라 함은 있음이 곧 실로 있지 않음이니 공을 말해 중도를 보임이다.

곧 있음을 집착하면 있음이 있음 아님을 보이고 공함을 집착하면 공이 곧 공 아님을 보여 중도를 밝힘이니, 공함이면 거짓 있음과 중도가 공 아님이 없고, 거짓 있음이면 공과 중도가 거짓 있음 아님이 없으며, 중도이면 공과 거짓 있음이 중도 아님이 없다.

연기이므로 공함이 온갖 법의 진실이니 하나가 공하면 온갖 것이 공하고〔一空一切空〕, 하나가 거짓 있음이면 온갖 것이 거짓 있음이며〔一假一切假〕, 하나가 중도이면 온갖 것이 중도이다〔一中一切中〕.

　이와 같이 연기로 일어나는 다섯 쌓임의 나되 남 없는 실상을 실현하는 것이 깊은 반야행이며 보디와 니르바나이다.

　경은 그 뜻을 '물질 등 다섯 쌓임이 한량없으므로 반야가 한량없다'고 가르친다.

　연기의 진실이 이와 같은데 연기하는 세간법의 진실 밖에 얻을 바 법이 있다 말하면 설사 니르바나보다 더한 법이라 해도 꿈과 같고 허깨비 같은 것이다.

　온갖 법이 나되 남이 없고 사라지되 사라짐이 없으므로 저 중생이 무명 번뇌를 일으켜 나고 죽음의 바다에 길이 빠져도 실로 때 묻어 더러움이 아니다.

　다시 보디사트바가 무명 번뇌를 끊고 니르바나의 청정을 얻었다 해도 실로 번뇌를 끊어 깨끗함을 얻음이 없다.

　연기하는 세간법의 숫자가 늘고 늘어도 실로 법이 오는 곳이 없고 세간법이 인연으로 사라져 그 숫자가 줄고 줄어도 실로 사라져 간 곳이 없다.

　그것을 어찌 멀리 구할 것인가. 어젯밤 몰아치던 비바람과 천둥 번개는 어디서 왔다 어디로 갔는가. 오되 옴이 없고 가되 감이 없으며 늘되 늘어남이 없고 줄되 줄어듦이 없다.

　옛 사람[黃龍心]은 다음 같이 말한다.[1]

---

　1) 황룡심 선사의 게송은 다음 도생법사(生法師師)의 법문에 대한 게송이다.

　　허공을 두드리니 메아리가 울리고
　　나무를 치니 소리가 없다.
　　敲空作響　擊木無聲　　　　　　　　　　　-〔古則〕(一四二四)

허공을 두드려 메아리 울리니
누가 그 소리를 아는 자이며
나무를 치되 소리가 없는데
헛되이 귀를 기울이는구나.
이는 눈앞의 법이 아니니
갖가지 마음 내지 말아라.

일어나고 사라짐 서로 알지 못하니
그 가운데 등지고 마주함이 없네.
코끼리왕 가는 곳에
여우 토끼 자취를 끊고
물의 달이 드러나니
바람과 구름 저절로 다르네.

이 속에 이르러서는
하늘땅을 거둘 수 없고
우주도 그 이름 알 수 없네.
천 성인도 내리치는 바람에 서니
누가 감히 머리 맞대 말하랴.

그러나 여러 사람들이여
이는 반드시 앞의 살림살이니
짓는 것과 하는 것 안다함과 모른다함
이 모두를 한때에 쓸어버리라.

그것들은 모두 지팡이 짚고 산에 돌아가
긴 휘파람 한 소리에 안개 깊음만 같지 못하리.

敲空作響 誰是知音
擊木無聲 徒勞側耳
不是目前法 莫生種種心
起滅不相知 箇中無背面
象王行處 狐兒絶蹤
水月現前 風雲自異

到這裏
乾坤收不得 宇宙不知名
千聖立下風 誰敢當頭道
諸仁者 應是從前活計
所作施爲 會與不會 一時掃却
不如策杖歸山去 長嘯一聲煙霧深

　모든 법의 중도실상을 보인 수트라의 말씀을 달마선사의 심경송을 통해 살펴보자.
　달마선사의 심경송은 '샤리푸트라〔舍利子〕'를 다시 부른 뜻을 이렇게 노래한다.

　　버림을 말하고 몸의 모습 논하는 것은
　　한 가지 마음 이롭게 말함이니
　　보디사트바의 금강 같은 힘으로
　　네 가지 모습이 침범케 말라.

　　도를 통달하면 사람이라는 집착 떠나고
　　참된 성품 보면 법엔 소리가 없나니

모든 번뇌 모두 다하게 되면
온몸이 참된 금이 되리라.

說舍論身相　利言一種心
菩薩金剛力　四相勿令侵

達道離人執　見性法無音
諸漏皆總盡　遍體是眞金

'이 모든 법의 공한 모습〔是諸法空相〕'에 대해 심경송은 이렇게 노래한다.

모든 붇다 공한 법을 말씀하시나
치우친 수행자들 모습으로 구하여
경을 찾고 도리를 찾아 구하니
어느 날에 마음 쉼을 배울 것인가.

두렷이 이뤄진 진실한 모습을
단박 보아 마음의 닦음을 쉬면
아득히 법계를 뛰어 벗어나
자재하거니 다시 무엇 근심하리.

諸佛說空法　聲聞有相求
尋經覓道理　何日學心休

圓成眞實相　頓見罷心修
逈然超法界　自在更何憂

'나지 않고 사라지지 않음〔不生不滅〕'에 대해 심경송은 이렇게 노래한다.

> 바이로차나의 청정한 바탕은
> 모습 없어서 본래 참되고
> 허공처럼 온갖 곳에 두루하여
> 만겁토록 그 바탕 길이 있도다.
>
> 모습과 함께하지 않으니
> 모든 것에 다 집착 않으면
> 옛도 없고 또한 새로움도 없네.
> 빛을 누그려 티끌에 함께하되
> 티끌에 물들지 않으면
> 삼계에 홀로 높게 되리라.

> 盧舍淸淨體　無相本來眞
> 如空皆總遍　萬劫體長存
>
> 不共皆不著　無舊亦無新
> 和光塵不染　三界獨爲尊

'더러움도 아니고 깨끗함도 아님〔不垢不淨〕'에 대해 심경송은 이렇게 노래한다.

> 진여는 삼계를 벗어났으니

더러움과 깨끗함 본래 없도다.
샤카무니 방편을 일으키시사
번뇌의 미세함과 거침 말씀하시나
공한 법계엔 법이 있지 않으니
이것이 홀로 밝은 달 드러냄이네.
본래에 한 물건도 없으니
어찌 두 갈래에 합할 것인가.

眞如越三界　垢淨本來無
能仁起方便　說細及言麤
空界無有法　是現一輪孤
本來無一物　豈合兩般呼

'늘어남도 아니고 줄어듦도 아님〔不增不減〕'에 대해 심경송은 이
렇게 노래한다.

여래의 몸은 모습이 없으나
시방 허공을 가득 채우네.
공함에는 있음을 세울 수 없고
있음 안에서 공을 보지 못하네.

보는 것은 물 가운데 달과 같고
들음은 귓가에 바람 같나니
법신이 어찌 늘고 줄어들건가.
삼계에서 참된 얼굴이라 부르리.

如來體無相　滿足十方空
空上難立有　有內不見空

看似水中月　聞如耳畔風
法身何增減　三界號眞容

말법제자 학담 또한 한 노래로 수트라를 찬탄하리라.

諸法不生亦不滅　無有去來亦無住
如是諸法眞實相　如是見者號菩薩

形而未形見不見　如潭底月不可取
處染常淨無增減　行深般若度苦厄

모든 법은 나지 않고 사라지지 않으며
가고 옴이 없고 또한 머묾 없네.
이와 같은 모든 법의 진실한 모습
이와 같이 바로 살펴 보는 자를
보디사트바라고 이름한다네.

형상이 형상 아니라 보되 보지 않음
못에 비친 달 취할 수 없음 같나니
물듦 속에 있어도 늘 깨끗하여
늘어남과 줄어듦이 없으면
깊은 프라즈냐파라미타 행하여
괴로움과 액란 건너게 되리.

III. 공과 인연의 법이 끝내 평등하여 실로 얻을 것이 없음을 보임

1. 공함 가운데 다섯 쌓임이 없음〔空中無色 無受想行識〕을 보임

반야심경원문

그러므로 공함 가운데 물질이 없고
느낌·모습 취함·지어감·앎이 없으며

是故空中無色 無受想行識

중생의 무명과 번뇌는 무엇인가.

인연으로 일어난 법이 있되 공한 곳에서 실로 있음을 집착하여 중생의 번뇌와 무명이 일어난 것이다. 그러나 중생의 무명 번뇌는 본래 없는 허깨비에서 허깨비를 지어감이라 번뇌가 공해 실로 있는 것이 아니다.

보디사트바의 프라즈냐와 여래의 위없는 보디는 무엇인가.

여래의 보디는 중생법 밖에 따로 있는 것이 아니라, 있되 있음 아니고 없되 없음 아닌 존재의 진실을 온전히 실현함이고, 허깨비에서 허깨비를 떠나 본래 적멸되어 있는 삶의 진실을 실현하는 행이다. 그러므로 무명과 번뇌를 끊되 한 법도 실로 끊음이 없고 보디를 얻되 한 법도 실로 얻음이 없다.

　인연으로 나는 모습[依他起相], 두루 집착한 모습[遍計所執相], 두렷이 이루어진 진실의 모습[圓成實相] 이 세 모습의 자기성품이 모두 공해[三無性] 얻을 것이 없으니, 얻을 것이 없음을 통달할 때 얻음 없이 위없는 보디를 이루는 것이다.

　여래의 세간에 오심과 수트라의 가르침을 설하심은 중생의 미망을 돌이켜 보디에 나아가도록 함이다. 그러므로 여래는 연기의 진실을 보이고 해탈의 길을 보이는 데 늘 중생의 집착에 따라 그 법을 베풀어 집착을 깨뜨린다.

　마음과 경계가 서로 의지해 나므로 마음[心]과 경계[境]가 모두 있되 공한 곳에서, 중생의 마음에 대한 집착이 무거우면 여래는 마음을 벌리고 물질을 모아[開色合色] 마음과 경계가 있음 아님을 보이니, 다섯 쌓임의 법[五蘊法]이다.

　다섯 쌓임의 법은 마음·물질[nāma-rūpa]의 온갖 법이 연기해 일어남을 보인 대표적 교설이다.

　연기법에서 마음은 내면의 영적 실체가 아니라 물질을 토대로 일어나 물질을 자기화하는 활동으로 있는 것이다. 저 아는바 물질이 공하므로 아는 바를 통해 일어나는 마음의 활동 곧 물질을 받아들임[vedanā; 受, 領納], 모습을 마음의 모습으로 취함[saṃjñā; 想, 取象], 변화의 힘으로 지어감[saṃskāra; 行, 造作], 가려 앎[vijñāna; 識, 了別]이 또한 공하다.

　물질적 요인과 마음활동이 모두 있되 공함을 보인 다섯 쌓임의 교설은 저 브라마나의 일원론적 신적 세계관을 깨뜨리고, 실체적 요소들의 쌓여짐으로 존재를 헤아리는 사문들의 원자적 세계관도 깨뜨린다.

그러므로 다섯 쌓임의 가르침을 통해 마음·물질을 포괄하는 하나인 자[The One]도 없고 마음·물질 안에 실체적 요소도 없는 줄 바로 알아 듣고, 물질이라 해도 마음 없는 물질이 없고 마음이라 해도 물질 없는 마음이 없는 줄 알면, 그가 바로 다섯 쌓임의 교설로 보인 연기중도의 뜻[緣起中道義]에 바로 돌아간 자이다.

이처럼 다섯 쌓임의 가르침을 듣고 마음과 물질[名色; nāma-rūpa] 아는 마음과 아는 바[能取所取; nāhaka-grāhya]가 곧 있되 있지 않음을 바로 통달하면 다섯 쌓임이 공하다 할 것이 없다.

다섯 쌓임이 공하다 함은 있되 실로 있지 않은 것을 실로 있다 함으로 공을 말한 것이다. 그러므로 공함이란 곧 있음이 있음 아닌 존재의 진실을 보이기 위함이니, 공함 가운데 어찌 다섯 쌓임을 얻을 수 있겠는가.

마음은 마음 아닌 마음이고 물질은 물질 아닌 물질이니, 다섯 쌓임의 참모습에는 있음[有]도 얻을 수 없고 공함[空]도 얻을 수 없으며, 있기도 하고 공하기도 함[亦有亦空], 있음도 아니고 공함도 아님[非有非空]을 모두 얻을 수 없다.

참으로 이렇다 함과 이렇지 않다 함을 모두 얻을 수 없을 때 해탈의 길이 현전하는 것이니, 옛 사람[丹霞淳]은 다음 같이 노래한다.2)

---

2) 단하순 선사의 이 게송은 염송의 다음 공안에 대한 게송이다.
동안(同安) 선사에게 어떤 승려가 물었다.
" '경을 의지해 뜻을 풀이하면 삼세 붇다의 원수요, 한 글자라도 경을 떠나면 곧 마라의 말과 같다'고 했으니, 이 이치가 어떠합니까."
이로 인해 선사가 말했다.
　　외로운 봉우리가 아득히 빼어나니

구름은 높게 날고 물은 절로 흐르며
바다와 하늘은 비어 넓고 넓은데
외로운 배 물결에 출렁거리네.
밤 깊어도 갈대숲에 가 쉬지 않고
가운데와 양쪽 끝 멀리 벗어났도다.

雲自高飛水自流 海天空闊漾孤舟
夜深不向蘆灣宿 逈出中間與兩頭

심경송을 통해 수트라의 이러한 뜻을 살펴보자.
인연으로 나는 법[緣起義]과 공[空義]이 평등하여, '공함을 말하면
[是故空中]' 다섯 쌓임의 있되 있음 아님이 곧 드러나는 것이니, 달
마선사의 심경송(心經頌)은 이렇게 노래한다.

보디는 밖에 있지 않고
가운데서도 찾을 수 없어라.
모습 아니고 모습 아님도 아니니
따져 헤아리면 기틀과 빗장 잃으리.

세계가 곧 세계가 아니라

안개와 쑥대풀도 걸치지 않았고
조각달이 하늘에 빗겨 있으니
흰 구름과는 저절로 다르도다.
孤峯逈秀 不掛煙蘿 片月橫空 白雲自異

同安因僧問 依經解義 三世佛寃 離經一字 卽同魔說 此理如何
師云 孤峯逈秀 不掛煙蘿 片月橫空 白雲自異   -〔古則〕(一七六)

해와 달 별자리의 세 빛
네 하늘을 환히 비출 수 있네.
본래 막혀 걸림이 없으니
어느 곳에 가리는 것 있겠는가.

菩提不在外　中聞覓也難
非相非非相　量測失機關

世界非世界　三光照四天
本來無障閡　甚處有遮欄

'공 가운데 다섯 쌓임이 없음〔無色無受想行識〕'을 심경송은 이렇게
노래한다.

물질이 실체 없어 본래 공하고
느낌과 뜻이 없는 것도 또한 같아라.
지어감과 앎은 없음 가운데 있으니
있음 다하면 도로 공에 돌아가네.

있음을 집착하나 실로 있음 아니니
공을 의지하면 또 공에 떨어지네.
물질과 공에 마음이 함께 떠나면
바야흐로 신통을 얻게 되리라.

無色本來空　無受意還同
行識無中有　有盡却歸空

執有實不有　依空又落空

色空心俱離　方始得神通

말법제자 학담 또한 한 노래로 찬탄하리라.

境中無相心非心　不住心法不住空
色無量故智無量　如來座上行佛事

於心無心相無相　境智冥合寂而照
文殊普賢常提携　寂光土中自在行

경계 가운데 모습 없고
마음은 곧 마음 아니니
마음과 법에 머물지 않고
공에도 머물지 않으면
물질이 한량없으므로
반야 또한 한량없으니
여래의 자리 위에서
붇다의 일을 지으리.

마음에 마음 없고
모습에 모습 없어서
경계 지혜 하나되어
고요하되 늘 비추면
문수 보현 늘 이끌어주어
고요하고 밝은 진리의 땅 가운데
자재하게 행하게 되리.

2. 공 가운데 안과 밖의 여섯 들임이 없음〔空中無眼耳鼻舌身意 無色聲香味觸法〕을 보임

반야심경원문

눈 귀 코 혀 몸과 뜻 이 여섯 안의 들임 없고
빛깔 소리 냄새 맛 닿음 법 이 밖의 여섯 들임 없으며

無眼耳鼻舌身意 無色聲香味觸法

다섯 쌓임의 교설이 아는 마음에 대한 집착이 무거운 중생을 위해 마음을 열고 물질을 모아 연기중도를 가르친 법이라면, 열두 들임〔十二入〕의 교설은 물질법에 집착이 무거운 중생을 위해 설한 법이다.

곧 여래는 또 아는바 물질에 대한 집착이 무거운 치우친 중생을 위해 물질을 열한 가지 반으로 열고 마음을 하나 반으로 모아〔開色合心〕 법을 보이니, 그 법이 곧 열두 들임 열두 곳〔十二入, 十二處〕의 가르침이다.

열두 들임의 가르침에서 물질은 눈·귀·코·혀·몸, 빛깔·소리·냄새·맛·닿음·법 가운데 일부분 이 열한 가지 반으로 벌려 표현되고, 마음은 뜻뿌리〔意根; manas〕의 한 법과 법의 곳〔法處〕 일부분으로 합해져 표현된다.

법의 곳〔法處〕은 뜻뿌리의 대상을 나타내는 뜻이지만 사유를 통해서만 미루어 알 수 있는 물질〔法處所攝色〕은 법의 곳에 분류되고

마음을 떠나지 않지만, 마음에 종속되지 않은 비심리적 영역[不相
應行法]은 법의 곳[法處; dharma-ayātara]에 분류되므로 마음이 하
나 반이 되고 물질은 열 반이 되는 것이다.

　여러 갈래로 표시된 물질법은 서로 의지해 일어나고 마음이 알
때 마음인 물질로 드러나는 법이니, 물질은 물질 아닌 물질이다.
마음 또한 물질을 의지해 일어나는 마음이므로 마음은 마음 아닌
마음이다.

　열두 곳[十二處]을 주체·객체의 법으로 다시 사유해보자.

　눈·귀·코·혀·몸과 뜻인 안의 여섯 아는 뿌리[內六根]는 주체
이고, 빛깔·소리·냄새·맛·닿음·법인 밖의 여섯 경계[外六境]
는 객체이다.

　열두 들임[十二入]의 가르침에서 여기 주체가 실로 있고 저기 객
체가 실로 있다면 주체·객체의 어울림은 있을 수 없다.

　또한 주체가 실로 없고 객체가 실로 없다 해도 주체·객체의 어
울림은 있을 수 없다.

　안의 아는 뿌리[內六根]와 밖의 알려지는 경계[外六塵]가 있되 있
지 않고 없되 없지 않으므로 안과 밖이 어울려 여섯 앎활동[六識]
이 일어나는 것이다.

　안의 주체와 밖의 객체가 하나의 장에 녹아있다 하거나 서로 다
른 장에 닫혀있다 해도 안팎이 어울린 앎활동이 있을 수 없다.

　안의 아는 뿌리와 밖의 알려지는 경계가 있되 있음 아니므로 앎
활동이 나는 것이니, 그 뜻을 경은 '공 가운데 실체로서 안의 아는
뿌리도 없고 밖의 알려지는 경계도 없다'고 말한다.

　공함 가운데 안의 아는 뿌리와 밖의 경계가 없다 함이 안과 밖의

있음을 있음 아닌 있음으로 세워주고 밝혀주는 것이다. 그러므로 안과 밖의 공함 가운데 어찌 열두 들임의 실로 있음〔有〕과 실로 없음〔無〕, 있기도 하고 없기도 함〔亦有亦無〕, 있음도 아니고 없음도 아님〔非有非無〕의 네 구절 분별이 있을 수 있겠는가.

옛 사람〔大陽〕은 이렇게 말한다.

마음의 길에도 다니지 말고
짓는 공 없는 곳에도 앉지 마라.
있음과 없음 둘을 모두 떠나니
툭 트여 하늘땅이 공하도다.

莫行心處路 莫坐無處功
有無二俱離 廓然天地空

툭 트인 하늘땅에서 안과 밖에 막힘 없고 걸림 없는 자유인의 삶을 천동각(天童覺)선사는 이렇게 노래한다.

푸른 물결을 다 낚는데
달이 낚는 한 갈쿠리 되니
달 밑 바닥 안개 낀 나무에다
깊은 밤 배를 매어 묶는다.
추위에 떠는 닭 몸을 떨며
하늘 밝아옴을 알리고
웃으며 봄바람 맞으니
바람결에 온갖 풀 부드럽다.

가운데와 밖이 평탄함이여
가로 세로 언제나 자유롭도다.
이리저리 오가는 지공선사는
부질없는 화상이 아니었으니
책갈피에 끼우는 잣대
주장자 끝에 매달았네.

釣盡滄波月一鉤　月低煙樹夜維舟
寒雞抖擻呼天曉　笑對春風百草柔
中外夷猶　縱橫自由
志公不是閑和尚　刀尺相將拄杖頭

공 가운데 열두 들임이 없음〔無十二入〕을 달마선사 심경송을 통
해 살펴보자.
심경송은 '공 가운데 안의 여섯 아는 뿌리 없음〔無眼耳鼻舌身意〕'
을 이렇게 노래한다.

여섯 아는 뿌리는 자성 없으나
모습 따라 그에 맞게 자리하네.
빛깔 분별하고 소리 울림 생각하며
사람과 나 혀로 농지거리 하네.

코는 때로 냄새를 분별하고
몸과 뜻뿌리 탐욕으로 어긋나지만
여섯 곳에서 탐욕 애착 끊어지면

만겁토록 윤회하지 않으리.

六根無自性　隨相與安排
色分緣聲響　人我舌詼諧

鼻或分香臭　身意欲情乖
六處貪愛斷　萬劫不輪迴

　달마선사의 심경송은 '공 가운데 여섯 티끌 경계 없음〔無色聲香
味觸法〕'을 이렇게 노래한다.

　　깨친 지혜엔 소리 빛깔이 없는데
　　냄새 맛 닿음은 다른 누구이리.
　　여섯 티끌의 실체 망상 좇아 일어나
　　범부 마음 스스로 미혹해 의심하네.

　　나고 죽음에서 나고 죽음을 쉬면
　　보디란 이것을 깨친 때이네.
　　법의 성품 공하여 머묾 없지만
　　다만 그를 깨침 늦을까 걱정하네.

證智無聲色　香味觸他誰
六塵從妄起　凡心自惑疑

生死休生死　菩提證此時
法性空無住　只恐悟他遲

말법제자 학담 또한 한 노래로 찬탄하리라.

內外俱空空亦空　一理齊平沒朕迹
忽起妄念分內外　背覺合塵長迷路

眼見色時見不見　背塵合覺越三界
長御白牛火宅中　度脫幻衆登覺岸

안과 밖이 함께 공하되 공 또한 공하니
한 진리가 평등하되 조짐 자취 없도다.
홀연히 망념 일어나 안과 밖을 갈라서
깨달음을 등지고 티끌 번뇌에 합해
기나긴 밤 길을 헤매어 돌고 도네.

눈이 빛깔 볼 때 보되 보지 않으면
티끌 번뇌 등지고 깨달음에 합하여
삼계고해 중생세간 뛰어넘으리.
불타는 집 가운데 길이 흰 소수레 끌면
허깨비 같은 중생 건네 보디언덕 오르리.

3. 공 가운데 열여덟 법의 영역이 없음〔空中無眼界乃至無意識界〕을 보임

반야심경원문

눈의 영역에서 뜻의 앎의 영역까지 열여덟 법의 영역이 없고

無眼界 乃至無意識界

연기법에서는 주체 없는 객체가 없고 객체 없는 주체가 없으니, 주체는 객체로 인해 객체의 주체가 되고 객체는 주체로 인해 주체의 객체가 된다.

주체와 객체가 하나도 아니고 다름도 아니고 주체와 객체가 서로 의지해 있으므로 주객이 어울려 앎활동이 일어난다.

주체와 객체는 앎활동을 일으키는 토대〔根本識; 제8아라야식〕가 되지만, 앎활동〔前六識〕이 날 때 주체〔八識見分〕·객체〔八識相分〕는 앎활동인 주체〔六識見分〕와 객체〔六識相分〕로 드러난다.

주체와 객체가 앎활동을 일으키는 토대가 됨을 보이기 위해 주체를 안의 여섯 가지 아는 뿌리〔內六根〕라 하고, 객체를 밖의 여섯 경계〔外六境〕라 하며, 또한 주체를 안의 여섯 가지 곳〔內六處〕, 객체를 밖의 여섯 가지 곳〔外六處〕이라 한다.

주체와 객체는 앎을 일으키는 곳으로 하나의 앎활동이 사라져 돌아가는 곳이 되고 새로운 앎활동의 산실이 된다. 주체·객체가 앎활동이 돌아가 쉬는 곳〔āyatana; resting place〕이 됨을 보이기 위

해 안의 여섯 아는 뿌리를 안의 여섯 들임〔內六入〕이라 하고, 밖의 여섯 경계를 밖의 여섯 들임〔外六入〕이라 한다.

안과 밖의 들임에서 보면 안팎이 겹쳐지는 앎활동은 늘 안과 밖의 들임 자체인 앎활동이고, 앎활동에서 보면 안과 밖의 들임〔內入, 外入〕은 앎활동 자체로 살아 움직이는 안과 밖의 들임이다.

그러므로 안과 밖의 열두 들임〔十二入〕과 여섯 가지 앎활동〔六識〕은 서로 거두어 간직하고〔能藏〕 서로 거두어 간직되는 것〔所藏〕이다. 안〔內〕과 밖〔外〕 안팎이 겹쳐지는 앎활동〔內外〕은 이처럼 서로 의지해 일어나 모두 실로 있되 있음 아닌 것이니, 공함 가운데 어찌 열여덟 법의 영역〔dhātu; 界〕이 있겠는가.

붇다의 가르침에서 열여덟 법의 영역을 보인 교설은, 안과 밖 가운데의 있음이 연기로 있는 것임을 밝혀 있음이 있음 아님을 보이고 있다.

그러므로 보디사트바가 여래의 가르침을 듣고 열여덟 법의 영역에서 실로 있음을 놓아버리면〔放下着〕, 공에 떨어지는 것이 아니라 있음 아닌 있음의 진실이 드러나는 것이다.

붇다 당시 두 손에 꽃을 들고 온 수행자에게 여래께서 두 손의 꽃을 모두 놓게 하신 뒤 다시 놓으라〔放下着〕고 하신 공안3)에 대해,

---

3) 심문분선사의 게송은 다음 '내려놓으라〔方下着〕'는 공안에 붙인 게송이다.

세존께 검은 성씨 브라마나가 신통의 힘을 써서 두 손에 '합환 오동꽃' 두 줄기를 들고 와 공양하니, 이로 인해 붇다께서 부르셨다.

"선인아."

브라마나가 '예' 하고 대답하니, 붇다께서 말씀했다.

"놓아라."

브라마나가 왼쪽의 한 줄기 꽃을 내려놓으니, 붇다께서 또 '선인아' 부르시

옛 사람〔心聞賁〕은 열여덟 법의 영역에서 그 실체성을 놓아버리면
있되 있음 아닌 존재의 진실이 온전히 드러남을 다음 같이 말한다.

두 손에 꽃을 들고 와 꽃을 모두 놓고서
맨몸으로 땅에 서서 다시 의심하도다.
아는 뿌리 경계와 앎의 영역에서
그 자성 모두 찾을 곳이 없으니
봄바람에 꽃이 활짝 피어남 고마워하네.

兩手持來都放下 空身立地更疑猜
根塵識界無尋處 多謝春風爛熳開

고 말씀하신다.
　브라마나가 오른쪽 손의 꽃을 놓으니, 붇다께서 '선인아' 부르시고 말씀하셨
다.
　"놓아라."
　그러자 브라마나가 말했다.
　"세존이시여, 저는 지금 빈 몸으로 서있는데 다시 무엇을 놓으라 하십니까."
　붇다께서 말씀하셨다.
　"나는 너에게 꽃을 놓으라 한 것이 아니다. 너는 마땅히 밖의 여섯 티끌〔外六
塵〕 안의 여섯 아는 뿌리〔內六根〕 가운데 여섯 앎〔中六識〕을 놓아서 한 때 놓아
버려 버릴 곳이 없으면, 이것이 네가 나고 죽음을 벗어나는 곳이다."
　브라마나가 말씀 아래 '남이 없는 법인〔無生法忍〕'을 깨달았다.

世尊 因黑氏梵志運神力 以左右手 擎合歡梧桐花兩株來 供養
佛云仙人 梵志應喏 佛云放下着 梵志遂放下左手一株花
佛又召仙人 放下着 梵志又放下右手一株花
佛又云 仙人 放下着 梵志云 世尊 我今空身而住 更教放下箇什麼
佛云吾非教汝 放捨其花 汝當放捨 外六塵內六根中六識 一時捨却 無可捨處 是汝
免生死處 梵志於言下 悟無生忍　　　　　　　　　　　　　　-〔古則〕(一九)

달마선사의 심경송은 어떻게 보이는가.
심경송은 '공 가운데 열여덟 법의 영역이 없음〔無眼界乃至無意識界〕'을 이렇게 노래한다.

아는 뿌리와 경계는 실로 있음 아닌데
여섯 앎이 망녕됨을 좇아 일어나
남을 의지하는 성품 스스로 열리니
눈과 귀 나아가 몸과 뜻의 뿌리에서
뉘라서 스스로 헤아림을 긍정할 건가.

혀와 코가 뒤바꿈을 행하지만
마음왕이 다시 버려서 돌이키면
여섯 앎 가운데서 오래지 않아
단박 깨쳐 여래를 향하게 되리.

六識從妄起　依他性自開
眼耳兼身意　誰肯自量裁

舌鼻行顚倒　心王却遣回
六識中不久　頓悟向如來

말법제자 학담 또한 한 노래로 수트라를 찬탄하리라.

眼見色時眼識生　非內非外非中間
內外中間都放下　耳聞聲時觀自在

十八界中無自性　非有非無思議絶
如是正觀如是行　高步毘盧頂上行

눈이 빛깔 보는 때 눈의 앎이 나지만
앎은 안과 밖도 아니고 가운데도 아니네.
그러므로 안과 밖 가운데를 모두 놓아버리면
귀가 소리 들을 때 살핌이 자재하리.

열여덟 법의 영역 속 자기성품 없으니
있음도 아니고 없음도 아니어서
사유의 길 말의 길이 끊어졌도다.
이와 같이 바로 살펴 이와 같이 가면
바이로차나 이마 위를 높이 걸으리.

4. 공 가운데 십이연기가 없고 십이연기의 다함도 없음
〔無無明亦無無明盡乃至無老死亦無老死盡〕을 보임

반야심경원문

무명에서 늙고 죽음까지 십이연기가 없고
무명의 다함에서 늙고 죽음의 다함까지 십이연기의 다함없으며

無無明亦無無明盡 乃至無老死亦無老死盡

붇다께서 위없는 보디를 성취하신 뒤 맨 처음 중생을 위해 입을
열어 설하신 법이 사제(四諦)·십이연기(十二緣起)의 두 법이다.
 다섯 쌓임〔五蘊〕·열두 들임〔十二入〕·열여덟 법의 영역〔十八界〕
을 보이는 교설이 연기하는 존재의 실상을 밝히는 법이라면, 사
제·십이연기는 중생의 삶 속에 고통이 일어나는 연기〔流轉緣起〕와
무명을 돌이켜 니르바나에 돌아가는 연기〔還滅緣起〕를 밝히고 있
다.
 사제법이 무명의 결과인 고제(苦諦)를 들어서 해탈의 연기를 밝
히고 있다면, 십이연기는 집제(集諦)인 무명(無明)으로 인해 나고
죽음의 윤회와 고통이 일어남을 보여 무명(無明; avidyā)을 돌이켜
밝음〔明; vidyā〕을 내고 나고 죽음을 돌이켜 니르바나에 돌아가는
연기를 밝히고 있다.
 인연으로 나는 모든 법은 인연으로 나기 때문에 남이 없는 것〔無
生〕이니, 여래께서 '인연으로 있다'고 가르치는 뜻은 '연기하므로

공하고 공하므로 연기함〔緣起卽空空卽緣起〕'을 보임이다.

사제·십이인연의 법이 모두 중생의 고통과 해탈이 연기함을 보인 교설이라면 사제 십이인연의 법이 모두 연기이므로 공한 것이다. 그러므로 고통이 일어나되 실로 남이 없고 고통이 다해 해탈이 구현되어도 고통이 실로 다함이 없고 해탈에 실로 없음이 없는 것이다.

그 뜻을 반야심경은 '공 가운데 사제·십이연기도 없고 십이연기가 다함도 없다'고 가르치는 것이니, 사제·십이연기설 밖에 본 경의 '깊은 프라즈냐파라미타 행함'이 따로 있다고 말해서는 안 된다.

곧 십이연기가 있되 공하고, 공한 진여(眞如)의 땅에서 십이연기가 남이 없이 나므로 열두 가지 연기의 뜻〔緣起義〕 밖에 프라즈냐파라미타의 뜻〔般若義〕이 없고 불성의 뜻〔佛性義〕이 없는 것이다.

먼저 십이연기를 살펴보자.

부파불교시대 테라바다교단의 아비다르마에서는 십이연기설을 과거 현재 미래 삼세에 걸쳐 두 번 겹치는 인과설〔三世兩重因果〕로 풀이한다.

곧 그 풀이로 보면 과거세의 무명(無明)의 지어감〔行〕으로 현세의 앎〔識〕과 마음·물질〔名色〕과 여섯 들임〔六入〕이 있고, 현재세에서 여섯 들임으로 경계를 받아들여〔受〕 닿음〔觸〕과 받아들인 경계를 애착하고〔愛〕 취함〔取〕으로 존재〔有〕가 존재로서 실체화되고, 현재의 존재가 실체화됨으로 미래세의 남〔生〕과 늙고 죽음〔老死〕이 있는 것이다.

이렇게 삼세의 인과설로 보더라도 지금 있는 것은 과거의 원인과 조건에 의해 지금 있는 것이라 현재의 결과는 있되 실로 있음 아닌 것이니, 삼세의 인과설 또한 십이연기의 있음을 통해 연기의 공성을 밝히고 있는 것이다.

나가르주나존자가 『중론송(中論頌)』에서 '아비달마의 뜻을 빌어 연기의 공성을 밝힌다' 함이 이 뜻이다.

이를 현전의 한 생각[現前一念]에 가져와 살펴보자.

눈[眼]이 빛깔[色] 볼 때 눈의 앎[眼識]이 나지만, 한 생각[一念]이 나면 한 생각 밖에 여섯 아는 뿌리가 없고 여섯 경계가 없다.

눈이 빛깔을 볼 때 보여지는 것이 있되 공하므로 경계를 보되 실로 알 것이 없고 볼 것이 없다.

알 것이 없고 볼 것이 없는 곳에서 실로 볼 것이 있다는 망집을 일으키면 곧 무명(無明)이고, 무명의 움직임[行]으로 아는 자와 알려지는 것이 실체화되면 이것이 근본식 곧 제8아라야식[ālaya-vijñāna; 第八識]의 물듦이다.

물든 아라야식으로 물든 앎활동[六識]이 일어나면 마음·물질[名色]이 물들고, 안의 아는 뿌리[六入]가 닫혀짐으로 경계를 닿아 받음[觸受]이 물들게 된다.

마음이 받아들인 경계가 공한 줄 모르고 경계를 애착하고 취해[愛取] 있음 아닌 있음의 존재가 실로 있음[有]으로 굳어진다.

그리고 이처럼 무명으로 인해 존재가 실로 있음으로 굳어짐으로 나고 죽음 없는 곳에서 나고 죽음이 실체화되어 질곡의 삶이 쳇바퀴처럼 구르는 것이다.

이때 나고 죽음의 윤회와 고통의 뿌리인 무명은 무엇인가.

있음 아닌 있음의 진실을 왜곡하여 실로 있음으로 보는 그릇된 앎이 무명이고, 실로 남이 없고 사라짐이 없는 곳에서 나고 사라짐을 실로 있는 것으로 보아 나고 죽음의 굴레를 반복하는 그릇된 삶이 무명이니, 무명 또한 허깨비 같아 온 곳이 없다.

무명이 실로 온 곳이 없다면 공함 가운데 무명은 무엇이고 무명의 다함은 무엇인가.

무명이 허깨비처럼 일어나 허깨비처럼 사라지니 무명이 나되 온 곳이 없고 무명이 다하되 다한 곳이 없다.

그러므로 무명이 허깨비인 줄 알면 곧 무명이 없고, 나고 죽음에 나고 죽음이 없어서, 지금 나고 죽음의 땅이 이미 적멸되어 있어 니르바나의 땅인 것이다.

그러므로 십이연기의 가르침을 듣는 이는 무명의 미혹〔惑〕과 물든 업(業) 고통의 결과〔苦〕가 서로 의지해 있으므로 모두 실체 없음의 뜻으로 십이연기설을 읽어야 하는 것이니, 이렇게 읽을 수 있을 때 십이연기의 가르침을 통해 프라즈냐파라미타에 나아가고 십이연기에서 불성의 뜻〔佛性義〕을 바로 깨칠 수 있는 것이다.

옛 사람〔永嘉禪師〕은 이 뜻을 이렇게 말한다.

> 그대 보지 못하는가.
> 배움 끊고 함이 없는 한가한 도인은
> 망상을 없애지 않고 참됨 구하지 않네.
> 무명의 실다운 성품이 곧 불성이요
> 허깨비 변화의 텅빈 몸이 곧 법신이네.

> 君不見
> 絶學無爲閑道人　不除妄想不求眞

無明實性卽佛性　幻化空身卽法身

달마선사 심경송 또한 '공 가운데 십이연기와 십이연기의 다함이 없음〔空中無無明亦無無明盡〕'을 이렇게 노래한다.

> 열두 가지 인연이 있어서
> 남에서 늙음까지 서로 따르네.
> 몸이 있으면 무명이 이르러
> 두 모습은 머리를 가지런히 하네.
>
> 몸이 다하면 무명이 다하지만
> 과보 받으면 다시 올 기약이 되네.
> 지혜의 몸은 허깨비 변화 같나니
> 어서 빨리 함이 없음 깨치라.

> 十二因緣有　生下老相隨
> 有身無明至　二相等頭齊
>
> 身盡無明盡　受報却來期
> 智身如幻化　急急悟無爲

말법제자 학담 또한 한 노래로, 공 가운데 십이연기와 십이연기의 다함없다는 수트라의 가르침을 찬탄하리라.

> 生死無明相依止　生死本空無明空
> 觀妄無生卽般若　觀身如幻卽法身

法身般若卽解脫　解脫寂滅本法身
三月春色滿天地　片片洛花隨流去

나고 죽음과 무명은 서로 의지하니
나고 죽음 본래 공하고 무명 또한 공하네.
망상이 남이 없음을 바로 살피면
망상이 그대로 반야지혜이고
몸이 허깨비와 같음 살피면
허깨비 같은 몸이 곧 법신이네.

법신인 반야가 곧 해탈의 행이고
해탈은 고요하여 본래 법신이니
삼월 봄빛은 하늘 땅에 가득한데
조각조각 지는 꽃은 물결 따라 가도다.

5. 공 가운데 사제법이 없음〔空中無苦集滅道〕을 보임

반야심경원문

괴로움과 괴로움의 모아냄 괴로움의 사라짐과 없애는 길
이 네 가지 진리가 없고

無苦集滅道

사제법(四諦法)은 중생이 고통바다에 흘러 구르는 연기〔流轉緣起〕
와 번뇌와 고통을 돌이켜 니르바나에 돌아가는 연기〔還滅緣起〕를
밝힌 대표적인 교설이다.

중생의 고통도 연기하고 중생의 해탈과 니르바나도 실천의 인연
으로 구현된다.

고통이 연기한 것이므로 공하니 중생의 나고 죽음에 갇힌 고통
의 삶은 본래 공하고 중생의 진실은 본래 청정한 것이다.

고통을 일으키는 무명과 번뇌는 무엇인가.

온갖 있음〔一切有〕이 있되 있음 아닌 곳에서 실로 있음을 집착하
고 나고 죽음이 실로 나고 죽음이 아닌 곳에서 나고 죽음을 보아
무명과 번뇌가 난 것이니, 무명과 번뇌도 허깨비처럼 실로 온 곳이
없다.

중생의 번뇌가 인연으로 일어나 없지 않으므로 번뇌를 돌이켜
보디에 나아가는 실천이 또한 없지 않으나, 끊을바 중생의 번뇌가
실로 있는 것이 아니므로 보디에 나아가는 실천행 또한 닦되 닦음

이 없는 것〔修而無修〕이다.

무명과 번뇌에 얽매인 중생의 삶의 고통이 없지 않으므로 고통의 삶을 돌이켜 니르바나의 과덕을 구현함이 없지 않다. 그러나 보디와 니르바나란 나고 죽음에 나고 죽음이 없는 삶의 실상을 다시 구현하는 것이므로 실로 얻는 것이 아니다.

이렇게 보면 중생의 고통바다에 흘러 구르는 연기와 니르바나에 돌아가는 연기가 모두 연기이므로 공한 것이다. 또한 흘러 구름의 연기와 돌아옴의 연기가 공하기 때문에, 번뇌가 나되 실로 물듦이 없고 번뇌를 끊되 실로 끊음이 없으며 보디의 도를 닦되 닦음 없고 보디를 구현해도 실로 얻음이 없는 것이다.

그러므로 사제의 연기가 있되 공하여 공함 속에 사제의 모습이 없는 줄 알아야 그 닦음이 닦음 없는 닦음이 되고 그 얻음이 얻음 없는 얻음이 되는 것이다.

사제가 온전히 공함이라 번뇌 끊을 것이 없고 니르바나 얻을 것이 없음을 알 때, 닦음이 온전히 공한 진여의 성품이 되고〔全修卽性〕 공한 진여의 성품이 온전히 닦음 일으킴〔全性起修〕이 되어 진여의 성품과 닦음에 두 모습이 없게 되는 것〔性修不二〕이다.

끊을 번뇌가 공한 줄 알아 닦음에 닦음 없어 닦음이 온전히 성품이 되는 것을 단박 깨침〔頓悟〕이라 하니, 이때 길 가는 일〔途中事〕이 온전히 집안 소식〔家裏事〕이 되는 것이다.

번뇌가 공하되 없지 않으므로 닦음이 없되 닦지 않음이 없어서 공한 진여의 성품이 온전히 닦음 일으킴〔全性起修〕을 단박 닦음〔頓修〕이라 하니, 이때 집안 소식 떠나지 않고 길 가는 일을 쓰는 것이다.

맨발로 달리는 길가는 일〔途中事〕 가운데 집안 소식 온전히 드러
난 뜻을, 옛 사람〔長蘆賾〕은 다음 같이 노래한다.4)

　　짚신 해지자 맨발로 달리니
　　콧구멍 밑이 곧 입이로다.
　　주장자 끝에 해와 달 돋으니
　　남쪽을 향해 북쪽을 본다.

　　鞋穿赤脚走　鼻孔下是口
　　杖頭挑日月　面南看北斗

다시 천동선사〔天童覺〕는 이렇게 노래한다.

　　짚신 해어지면 맨발로 달리고

---

4) 장로색(長蘆賾)선사의 게송은, 다음 지문선사(智門禪師)의 공안에 붙인
게송이다.

지문에게 어떤 승려가 물었다.
"어떤 것이 붇다입니까."
이로 인해 선사가 말했다.
"짚신이 해지니 맨발로 달린다."
승려가 물었다.
"어떤 것이 붇다의 위로 향하는 일입니까."
선사가 말했다.
"주장자 끝에 해와 달이 돈다."

智門因僧問　如何是佛
師云踏破草鞋赤脚走　僧云如何　是佛向上事
師云柱杖頭上挑日月　　　　　　　　　　　　－〔古則〕(一二八三)

주장자 끝에 해와 달이 돈다 함이여.
지문선사가 곧장 조사의 가풍을 얻어
운문의 넓고 긴 혀를 펼쳐놓았다.
큰 지혜는 어리석음과 같고
크게 교묘함은 못남 같도다.
공부를 다해 참구해도 사무칠 수 없으니
평평한 땅에 흙무더기 늘리지 말고
허공을 향해 쐐기를 박지 말라.

踏破草鞋赤脚走 柱杖頭上挑日月
智門直得祖家風 放出雲門廣長舌
大智如愚 大巧若拙
用盡工夫 終不徹
莫於平地上增堆 休向虛空裏釘橛

　공 가운데 사제가 없다는 수트라의 뜻을 심경송은 어떻게 보이는가.
　'공 가운데 사제의 흘러 구름의 연기〔流轉緣起〕와 니르바나에 돌아가는 연기〔還滅緣起〕가 없음'을, 달마선사의 심경송은 이렇게 노래한다.

사제의 법이 삼계에서 일어나니
단박 깨치는 가르침의 뜻 분명하네.
끊음 없이 괴로움을 끊고
괴로움을 모아냄 이미 사라지면
거룩한 보디의 도 절로 이루리.

성문은 망상을 억지로 쉬려 하고
치우친 연각은 뜻 평안히 하지만
보디의 도 이루는 곳 알려 하는가.
마음 위에 머묾을 두지 마라.

四諦興三界　頓教義分明
苦斷集已滅　聖道自然成

聲聞休妄想　緣覺意安寧
欲知成佛處　心上莫留停

말법제자 학담 또한 한 노래로 찬탄하리라.

四諦本空修不修　全修卽性卽頓悟
汚染不得無不修　全性起修卽頓修

性修不二悟卽修　途中家裏事不別
常憶江南三月裏　鷓鴣啼處百花香

사제가 본래 공해 닦되 닦지 않으니
온전한 닦음이 곧 성품이라
이것이 바로 단박 깨침이네.
물들어 더럽히지 않으나 닦지 않음 없으니
온전한 성품이 닦음 일으킴이라
이것이 바로 단박 닦음이네.

성품과 닦음 둘 아니면 깨침이 곧 닦음이니

길에 감과 집안 속 일이 다르지 않음이여
늘 강남땅 따뜻한 삼월을 생각함에
자고새 우는 곳에 백 가지 꽃 향기롭네.

6. 공 가운데 지혜도 없고 얻음도 없음[無智亦無得]을 보임

반야심경원문

지혜가 없고 얻음도 없다.

無智亦無得

연기법에서 아는 마음은 경계를 의지하고 경계는 마음인 경계이니, 아는 마음은 있되 공하고 아는바 경계도 있되 공하다.

알되 앎 없는 마음을 지혜라 하고 모습에 모습 없는 실상을 진리라 하니, 지혜는 진리인 지혜이고 진리는 지혜인 진리이다.

여기 내면에 아는 지혜가 있어서 법계진리를 안다 하거나 진리를 닦아서 얻는다 하면, 여래가 가르치신 연기법의 바깥 길이 되는 것이다.

지혜가 진리인 지혜이므로 아는바 경계의 모습에서 모습 떠나면 아는 마음은 마음에서 마음 떠나고, 마음에서 마음 떠나면 경계의 모습에서 모습 떠난다.

여래께서 다섯 쌓임, 열두 들임, 열여덟 법의 영역으로 법을 분류해 가르친 뜻은 온갖 존재를 마음·물질, 주체·객체, 자아[根]-행위[識]-세계[境]로 분류해, 아는 자와 아는 바, 마음·물질에 모두 자기성품[自性]이 없고 얻을 것이 없음을 가르치기 위함이다.

그러므로 공함 가운데 지혜가 없고 지혜로 얻는 바가 없는 것이다.

인연으로 인해 존재가 있음〔緣起有〕을 말하는 것은 연기로 있으므로 있되 공함을 보이기 위함이니, 있음에 있음을 얻지 못한다.

공한 진리〔空諦〕를 말해도 그것은 있음을 실로 있음으로 보기 때문에 공한 진리를 말한 것이니 공(空)에 공(空)을 얻지 못한다.

거짓 있음의 진리〔假諦〕를 말해도 그것은 공을 공으로 집착하기 때문에 거짓 있음의 진리를 세운 것이니 거짓 있음〔假有〕을 얻지 못한다.

중도의 진리〔中諦〕를 말해도 공함과 거짓 있음이 모두 실로 있음과 실로 공함의 집착 깨기 위함이라 머물 두 치우친 가〔二邊〕의 자취가 없음을 중도로 보인 것이니 가운데 또한 얻지 못한다.

지혜에서도 공한 지혜〔空智〕를 말하고 '거짓 있음을 좇아 공에 들어감〔從假入空〕'을 말해도 공이 아니고, 거짓 있음의 지혜〔假智〕를 말하고 '공을 좇아 거짓 있음에 들어감〔從空入假〕'을 말해도 거짓 있음이 없다. 다시 중도의 지혜〔中智〕를 말하고 공함과 거짓 있음이 평등함〔空假平等〕을 말해도 가운데 지혜가 없는 것이다.

진리인 지혜와 지혜인 진리가 공한 것이니, 공 가운데 어찌 지혜와 지혜로 얻는 바가 있겠는가.

그러나 얻을 바가 없을 때 참으로 법계지혜가 온전히 현전하고 다섯 쌓임의 실상이 온전히 현전하는 것이니, 옛 사람〔丹霞淳〕5)은

---

5) 단하선사의 게송은 다음 공안에 붙인 노래이다.

수주호국 수징정과선사(守澄淨果禪師)에게 어떤 승려가 물었다.
"어떤 것이 본래의 부모입니까."
이로 인해 선사가 말했다.
"머리가 희어지지 않는 것이다."
승려가 말했다.

다음 같이 말한다.

> 문을 나서지만 온 세계에 나를 아는 이 없고
> 방에 들어 눈을 크게 떠도 어버이를 못 보네.
> 빈 방에 밤이 차가운데 어떤 것이 있는가.
> 푸른 하늘 밝은 달이 이웃하도다.

> 出門徧界無知已 入戶盈眸不見親
> 虛室夜寒何所有 碧天明月頗爲鄰

이 뜻을 달마선사의 심경송을 통해 살펴보자.

심경송은 '공 가운데 지혜도 없고 얻은 바도 없음〔無智亦無得〕'에 대해 이렇게 노래한다.

> 법은 본래 없음과 있음 아니니
> 지혜가 헤아려 알 수 없도다.
> 참된 기쁨의 마음이 때를 떠나니
> 빛을 내어 시방을 가득 채우네.

> 이길 수 없는 지혜가 앞에 나타나니
> 크나큰 도량에 멀리 가며

"어떻게 받들어 모셔야 합니까."
선사가 말했다.
"쌀 없는 밥을 은근히 해 집 앞에서도 문안드리지 않는다."

隨州護國守澄淨果禪師因
僧問 如何是本來父母 師云頭不白者
僧云將何奉獻 師云慇勤無米飯 堂前不問親   - 〔古則〕(一一八三)

움직임 없이 저 언덕 건너가니
좋은 지혜는 법 가운데 왕이로다.

法本非無有　智慧難測量
歡喜心離垢　發光滿十方

難勝於前現　遠行大道場
不動超彼岸　善慧法中王

말법제자 학담 또한 한 노래로, 얻음 없는 지혜를 찬탄하리라.

本自具足何漸證　無智無得無不得
無所得處如是現　落花流水法界音

彌勒彈指亡所得　方見普賢眞消息
透得聲色皆圓通　念念法界行普賢

본래 스스로 공덕을 갖춰 있는데
어찌 차츰 닦아 얻을 것인가.
지혜 없고 얻음 없고 얻지 않음 없도다.
얻을 바 없는 곳에 이와 같이 드러나니
지는 꽃 흐르는 물이 법계의 소리이네.

마이트레야 보디사트바 손가락 튕길 때
선재동자 얻은바 경계 모두 없어져서
바야흐로 보현의 참된 소식 보았도다.
소리 빛깔 꿰뚫어서 모두 두렷 통하니
생각 생각 법계요 행함은 보현이네.

IV. 얻음 없는 보디사트바의 반야행과 붇다의 위없는 보디

1. 보디사트바의 반야행

반야심경원문

얻을 바가 없으므로 보디사트바는
프라즈냐파라미타를 의지하여
마음에 걸림이 없고
걸림이 없으므로 두려움이 없어
온갖 뒤바뀐 헛된 생각을 멀리 떠나
니르바나를 마쳐 다하게 된다.

以無所得故 菩提薩埵 依般若波羅蜜多故
心無罣礙 無罣礙故無有恐怖
遠離一切顚倒夢想 究竟涅槃

프라즈냐의 행에 행하는 바 없고 얻을 바 없음으로써 프라즈냐의 해탈의 행을 밝힌다.

해탈의 인과를 밝힌 사제법(四諦法)에 돌아가 살펴보자.

사제의 법은 연기이므로 공한 것이니 공 가운데 괴로움과 괴로움 모아내는 번뇌가 없고 괴로움이 다한 니르바나와 괴로움 없애는 실천의 길이 실체로 없다.

그러므로 닦되 닦음 없고 공 가운데 지혜가 없고 지혜로 얻는 바가 없는 것이다.

보디사트바의 닦는 행에도 닦아 행함이 없고 닦아 증득함에도 실로 얻은 것이 없으니, 얻을 것이 없는 보디사트바의 반야행으로 반야 자체인 해탈의 과덕을 다시 밝힌다.

그것은 얻을 바 없음이 참된 얻음이 되기 때문이니, 온갖 법에 얻을 바 없을 때 프라즈냐 그대로의 해탈행과 해탈행 그대로의 법신이 온전히 현전하는 것이다.

연기법에서 자아는 늘 세계와 더불어 주어지고 세계와 더불어 주어지는 자아는 행위하는 자아로 주어진다.

주체와 세계 사이에서 일어난 행은 자아가 아니되 자아 아님도 아니고 세계가 아니되 세계 아님도 아니다. 자아-행위-세계의 있되 공한 실상을 통달해 자아-행위-세계의 인연으로 있는 모습에서 실로 얻을 것 없음을 통달한 주체를 보디사트바(bodhisattva)라 한다.

보디사트바의 행하되 행함 없는 행을 프라즈냐파라미타(prajñā-pāramitā)라 하고, 깊은 프라즈냐파라미타 행하는 주체를 보디사트바라 한다.

이처럼 보디사트바는 안의 주체와 밖의 객체, 안팎이 어울린 행위에서 실로 얻을 것 없음을 깨달아 쓰는 주체다.

그러므로 그의 행함은 하되 함이 없고 함이 없되 함 없음도 없으며, 알되 앎이 없고 앎 없되 앎 없음도 없으니, 보디사트바는 보디사트바라는 모습도 취하지 않고 프라즈냐를 행하되 프라즈냐를 행한다는 집착도 없다.

연기법에서 마음은 세계인 마음이니 그가 앎에서 앎을 떠나면 아는바 모습에서 모습을 떠난다.

그의 마음은 중도의 진실 그대로의 마음이므로 안의 주체와 밖의 세계 안팎이 어울리는 마음을 취하지 않고 안과 밖 안팎의 마음을 떠나지도 않는다.

그는 안과 밖의 공성을 통달하여 안과 밖에 걸리지 않고, 있음이 곧 있음 아님을 알므로 있음의 상실을 두려워하거나 허무의 구렁텅이에 절망하지 않으며, 있음에서 실로 있다는 환상과 없음에서 실로 없다는 환상을 모두 떠난다.

그의 지혜는 안에서도 얻지 못하고 밖에서도 얻지 못하며, 안과 밖에서도 얻지 못하나 안의 공함 · 밖의 공함 · 안팎이 공함에서도 얻지 못한다.

그는 있음에서 있음이 다하고 없음에서 없음이 다하여 본래 적멸되어 있는 다섯 쌓임[五蘊] · 열두 들임[十二入] · 열여덟 법의 영역[十八界] 그 진실의 모습을 온전히 살게 된다.

보디사트바에게 니르바나는 닦아 얻음이 아니라 본래 적멸되어 있어 실로 얻을 것 없는 삶의 실상을 온전히 회복함이다.

옛 사람[丹霞淳]6)은 안과 밖이 밝게 사무쳐[內外明徹] 걸림 없고

---

6) 단하순의 게송은 다음 공안에 붙인 노래이다.

신라 대령선사에게 어떤 승려가 물었다.
"어떤 것이 온갖 곳에 청정함입니까."
이로 인해 선사가 말했다.
"구슬나무 가지 꺾으니 마디마디 보배요
찬다나향나무 쪼개니 조각조각 향기롭다."

新羅大嶺禪師 因僧問 如何是一切處淸淨

막힘 없는 해탈의 사람 보디사트바의 삶의 모습을 다음 같이 노래
한다.

> 하늘땅이 모두 다 황금의 나라이니
> 온갖 것이 깨끗하고 묘한 몸 온통 드러낸다.
> 왕의 딸이 바람을 등짐에 잘하고 못함 없고
> 신령한 싹이 꽃이 핌은 봄을 알지 않네.

> 乾坤盡是黃金國　萬有全彰淨妙身
> 王女背風無巧拙　靈苗花秀不知春

　달마선사 심경송은 인연의 모습과 해탈의 인과에 모두 '얻을 것
없음〔以無所得故〕'을 이렇게 노래한다.

> 고요한 바탕에는 얻음이 없고
> 참된 공은 손으로 붙잡음 끊어졌네.
> 본래 모습과 얼굴 없으나
> 방편으로 세 보시 세웠도다.

> 네 걸림없는 지혜로 법과 비유를 여니
> 여섯 가지 파라미타의 행을
> 도성에 들어가는 빗장이라 하네.
> 열 지위 세 수레의 법이여
> 뭇 성인도 그것 헤아리기 어렵네.

> 寂滅體無得　眞空絶手攀

師云 截瓊枝寸寸是寶 析栴檀 片片皆香　　　　－〔古則〕（一一六九）

本來無相貌　權且立三檀

四智開法喩　六度號都關
十地三乘法　衆聖測他難

달마선사 심경송은 '보디사트바'에 대해 이렇게 노래한다.

붇다의 도는 참으로 알 수 없으니
사트바는 바로 범부로다.
중생이 참 성품 보려고 하면
붇다를 공경해 마음에 외로워 말라.

세간의 여러 선지식들은
말로 논하는 법 가늘고 거칠지만
단박 깨치면 마음 평등하여
가운데에 모습 있음도 없애버리네.

佛道眞難識　薩埵是凡夫
衆生要見性　敬佛莫心孤

世間善知識　言論法細麤
頓悟心平等　中間有相除

　달마선사 심경송은 '프라즈냐파라미타를 의지한다' 함에 대해 이렇게 노래한다.

프라즈냐는 지혜를 말하고
건넘은 의지할 바 없음이니

마음의 공한 성품 넓고 커서
안과 밖이 다 함이 없도다.

성품 공해 걸림 없는 말재간
삼계에 통달한 사람 드무니
크게 보아 크나큰 법 밝히면
모두들 사유할 수 없고
말할 수 없다 찬탄하리라.

般若言智慧　波羅無所依
心空性廣大　內外盡無爲

性空無礙辯　三界達人稀
大見明大法　皆讚不思議

달마선사 심경송은 '마음에 걸림 없다'고 함을 이렇게 노래한다.

해탈의 마음은 걸림 없어서
뜻이 크나큰 허공 같아라.
네 모서리에 한 물건도 없으며
위아래도 모두 다 같이 없도다.

오고 감에 마음 자재하나니
푸드갈라와 여러 다르마 모두 공해
사람과 법 서로 만나지 않네.
도를 물어서 찾아보되
한 물건도 보지 않으니
쓰는 대로 번뇌의 울 벗어나리.

解脫心無閡　意若太虛空
四維無一物　上下悉皆同

來往心自在　人法不相逢
訪道不見物　任運出煩籠

  달마선사 심경송은 '걸림이 없으므로 두려움 없다'고 함을 다음 같이 노래한다.

    나고 죽는 마음이 두려워하나
    함이 없는 성품 스스로 편안하네.
    경계를 잊고 마음 또한 사라지니
    성품 바다 맑고 맑아 드넓도다.

    세 몸이 정토에 돌아가니
    여덟 앎은 인연을 떠났도다.
    여섯 신통은 실상을 따르니
    바탕을 돌이켜 근원에 돌아가네.

生死心恐怖　無爲性自安
境忘心亦滅　性海湛然寬

三身歸淨土　八識離因緣
六通隨實相　復本却還源

  달마선사 심경송은 '온갖 뒤바뀐 헛된 생각 멀리 떠남'을 이렇게 노래한다.

두 가를 온전히 세우지 말고
가운데 길에도 마음 닦음 내지 말라.
성품 보면 나고 죽음 다하리니
보디에는 구할 것이 없도다.

몸 밖에서 참된 붇다 따로 찾으면
뒤바뀌어 한 생을 헛되이 지내리.
고요히 앉아 몸이 편안하고 즐거우면
함이 없는 과덕이 저절로 두루하리.

二邊純莫立　中道勿心修
見性生死盡　菩提無所求

身外覓眞佛　顚倒一生休
靜坐身安樂　無爲果自周

달마선사의 심경송은 '니르바나를 마쳐 다하리〔究竟涅槃〕'라 함에
대해 이렇게 노래한다.

남이 없는 성품을 마쳐 다하면
청정하여 이것이 니르바나네.
범부는 성인을 헤아리지 말아야 하니
이르지 못하면 따지게 되리라.

배움 있음이 도로 배움 없음이 되나
붇다 지혜 더욱 깊고 그윽하여라.
마음 없는 이치를 알려고 하는가.

집착 말고 마음의 근원을 쉬라.

究竟無生性　清淨是涅槃
凡夫莫測聖　未到卽應難

有學却無學　佛智轉深玄
要會無心理　莫著息心源

말법제자 학담 또한 한 노래로 수트라의 뜻을 찬탄하리라.

般若行處無所得　諸法非有亦非無
心本無心境亦忘　岩下水聲寂然聽

心境俱亡空亦空　解脫妙用常現前
心無罣礙遠離妄　解脫寂滅常湛然

반야를 행하는 곳 얻을 것이 없으니
모든 법은 있음 아니고 또한 없음 아니네.
마음에 본래 마음 없고 경계 또한 잊었으나
바위 밑 물소리를 고요하게 듣도다.

마음 경계 사라지고 공 또한 공하니
해탈의 묘한 작용 언제나 현전하네.
마음에 걸림 없고 헛됨을 멀리 여의니
해탈이 다시 고요하여 늘 맑고 맑도다.

2. 삼세 붇다의 위없는 보디의 성취

반야심경원문

과거 현재 미래의 모든 붇다들도
프라즈냐파라미타를 의지하므로
아누타라삼약삼보디를 얻는다.

三世諸佛 依般若波羅蜜多故 得阿耨多羅三藐三菩提

보디사트바는 닦아 행하는 길 가운데 사람이고 붇다는 위없는 보디의 과덕 이룬 해탈의 사람으로 해탈의 집〔解脫家〕 법계의 집〔法界家〕 안 사람이다. 그에 비해 사트바 곧 중생은 나고 죽음의 길에 헤매는 미혹의 사람이다.

그러나 여래의 보디의 과덕은 중생 밖에 따로 얻을 수 있는 것이 아니라 중생의 진실이 곧 여래의 과덕이다.

보디사트바의 닦아 행함도 중생의 망상을 끊고 보디를 얻는 길이 아니라 다섯 쌓임이 본래 공한 중생의 진실을 살펴어 진실을 실현하는 행이다.

다섯 쌓임의 있되 공한 법계의 집〔法界家〕이 중생의 진실이니 다섯 쌓임이 공적한 집〔五蘊空寂舍〕을 떠나 보디사트바의 프라즈냐파라미타도 없고 위없는 여래의 보디도 없다.

중생의 진실인 다섯 쌓임의 실상 밖에 프라즈냐가 없고 여래의 보디가 없으므로 보디사트바도 프라즈냐파라미타를 의지해 보디에 나아가 해탈을 얻고 삼세의 모든 붇다도 프라즈냐파라미타를 의지해 위없는 보디를 성취하는 것이다.

다섯 쌓임이 공한 현실 밖에 여래의 보디가 없으므로 위없는 보디를 성취한 삼세의 모든 붇다께서는 다섯 쌓임이 공한 현실의 땅을 떠남이 없이 고통바다 중생에게 프라즈냐파라미타의 길을 보이시고 본래 니르바나되어 있는 중생의 자기진실을 열어보이는 것이다.

지금껏 살핀 바처럼 다섯 쌓임의 교설은, 아는 마음이 스스로 있는 마음이 아니라 아는바 경계인 마음이고 저 세계가 마음 밖의 세계가 아니라 마음인 세계임을 밝히고 있다.

그러므로 다섯 쌓임의 진실을 등지면 그를 미혹의 사트바라 하고, 다섯 쌓임의 진실을 살펴 보디에 나아가면 그를 보디사트바라 하며, 다섯 쌓임의 진실을 온전히 실현하면 그를 삼세의 여래 위없는 보디의 성취자라 한다.

사트바와 보디사트바 삼약삼붇다가 다섯 쌓임의 법〔五蘊法〕 밖에 없으므로 세 사람은 서로 다르지 않다.

곧 중생은 못 깨침〔不覺〕의 뜻이고, 보디사트바는 새로 깨침〔始覺〕을 위해 프라즈냐파라미타 행함〔般若行〕의 뜻이고, 붇다는 새로 깨치되 깨침〔能覺〕과 깨친 바〔所覺〕의 집착까지 넘어선 마쳐 다한 깨침〔究竟覺〕의 뜻이다.

이때 본디 깨침이 따로 있는 것이 아니라 중생의 못 깨친 모습〔不覺相〕이 본래 공함을 본디 깨침〔本覺〕이라 한 것이니, 본디 깨침〔本覺〕·못 깨침〔不覺〕·새로 깨침〔始覺〕이 모두 실체가 없는 것이다.

여래의 마쳐 다한 깨침은 본디 깨침에도 머물 모습 두지 않고 새로 깨침에도 머물 모습 두지 않는 실상의 온전한 실현을 마쳐 다한 깨침이라 이름한 것이다.

『화엄경』은 이렇게 말한다.

　　　마음은 공교한 화가와 같아
　　　갖가지 다섯 쌓임을 지어서
　　　온갖 세간 가운데서
　　　짓지 않는 법이 없도다.
　　　마음과 같이 붇다 또한 그렇고
　　　붇다와 같이 중생이 그러해
　　　마음과 붇다와 중생
　　　이 세 법에 차별 없도다.

　　　心如工畫師　造種種五陰
　　　一切世間中　無法而不造
　　　如心佛亦爾　如佛衆生然
　　　心佛及衆生　是三無差別

여기서 마음[心]이란 다섯 쌓임·열두 들임·열여덟 법의 영역
그 공한 실상을 마음을 잡아 보인 말로서, 인연으로 나는 모습[依
他起相]을 말한다. 다섯 쌓임 열두 들임 밖에 온갖 법이 없으므로
경은 그 뜻을 마음이 짓지 않음이 없다고 한다.

중생이란 물든 마음 곧 '다섯 쌓임의 집착된 모습[遍計所執相]'을
말하고, 붇다란 '다섯 쌓임의 두렷이 성취된 진실의 모습[圓成實相]'
을 말한다.

마음·붇다·중생 이 세 모습이 모두 공해 자기실체가 없으므로

화엄은 이 셋이 차별 없다〔是三無差別〕고 가르치니, 중생이 중생 아니라 여래의 공덕장인 중생인 줄 바로 믿는 자가 바른 믿음의 사람이다.

또한 끊을바 사트바의 미혹에 끊을 모습이 없으므로 보디사트바의 닦아 행함에 실로 닦을 것이 없으니, 닦음 없이 프라즈냐행 닦아가는 자가 집안 일 떠나지 않고 보디의 길 가는 자이다.

위없는 보디의 성취에도 얻을 바가 없으니 중생의 진실을 돌이켜 온전히 그 진실을 실현한 분이 삼세의 붇다인 것이다.

그러니 중생 번뇌의 땅을 떠나 어찌 여래가 있고, 보디사트바의 닦되 닦음 없는 프라즈냐파라미타의 실천행을 떠나 어찌 여래의 위없는 보디가 있겠는가.

옛 사람〔修山主〕은 중생의 번뇌와 보디사트바의 프라즈냐행과 붇다의 위없는 보디가 끝내 다르지 않은 뜻을 이렇게 말한다.

　　　범부의 법을 갖추었지만
　　　범부가 앎 없이 알지 못하고
　　　성인의 법을 갖추었지만
　　　성인은 앎으로 알지 않는다.
　　　성인이 만약 앎으로 안다면
　　　성인이 곧 범부요
　　　범부가 앎 없이 안다면
　　　범부가 곧 성인이로다.

　　　이 말이 한 진리 두 뜻 갖췄으니
　　　사람들이 밝혀내면 붇다의 법 가운데

들어갈 곳 있음을 막지 않지만
만약 밝히지 못한다면
의심하지 않는다 말하지 말라.

具足凡夫法 凡夫不知
具足聖人法 聖人不會
聖人若會 卽是凡夫
凡夫若知 卽是聖人

此語具一理二義 若人辨得
不妨於佛法中 有个入處
若辨不得 莫道不疑

이에 대해 해인신(海印信)선사는 이렇게 말한다.

여러분!
범부와 성인을 떠난 한 구절은 어떻게 말하는가.
만약 말한다 해도 오히려 아직 길 가운데 있다.
만약 알지 못한다면 천태와 남악에 오가는 데 맡겨둔다.
(살펴 들어가라.)

諸仁者 離凡聖外一句 作生道
若也道得 猶在半途
苟或不知 一任天台南岳 (參)

달마선사를 통해 삼세 붇다의 위없는 보디의 성취를 살펴보자.

달마선사의 심경송은 '삼세의 모든 붇다[三世諸佛]'에 대해 이렇게 말한다.

> 지나간 것 실답다 말하지 않고
> 오지 않은 것 참되다 하지 않으면
> 머묾 없는 현재가 보디의 씨앗이니
> 법 없음을 그윽한 문이라고 하네.
>
> 세 몸이 같이 하나에 돌아가고
> 한 성품이 몸을 두루 머금나니
> 진리를 통달하면 삼세가 아니라
> 한 법으로 원인 없음을 얻네.

> 過去非言實　未來不爲眞
> 現在菩提子　無法號玄門
>
> 三身同歸一　一性遍含身
> 達理非三世　一法得無因

달마선사의 심경송은 '프라즈냐파라미타를 의지하므로 아누타라삼약삼보디 얻는다[依般若波羅蜜多故 得阿耨多羅三藐三菩提]'고 함에 대해 이렇게 말한다.

> 붇다의 지혜 깊어 헤아릴 수 없고
> 지혜의 앎은 넓어 끝이 없으며
> 위없는 마음은 바르고 두루해

자비의 빛은 대천에 가득하네.

고요한 마음 가운데 교묘함 있어
중생 위해 만 갈래를 세워 보이니
보디사트바는 여러 가지 방편으로
널리 건져내 사람과 하늘 위하네.

佛智深難測　慧解廣無邊
無上心正遍　慈光滿大千

寂滅心中巧　建立萬餘般
菩薩多方便　普救爲人天

말법제자 학담 또한 한 노래로 찬탄하리라.

三世心法皆空寂　不取不捨號諸佛
三世所有一切法　佛念念中皆現前

諸佛不住去來今　三世恒轉妙法輪
佛智如空無分別　妙音宣暢廣度衆

삼세의 마음과 법 다 공적하므로
취하고 버리지 않음 붇다라 하니
삼세에 있는바 온갖 모든 법들은
붇다의 생각생각 가운데 현전하네.

모든 붇다들께선 과거와 미래

현재에 머물지 않으시지만
삼세에 늘 묘한 법바퀴를 굴리시고
붇다 지혜 허공과 같아 분별 없지만
묘한 음성 드날려 널리 중생 건지네.

V. 프라즈냐파라미타의 만트라로 해탈의 방편을 보이심

반야심경원문

그러므로 프라즈냐파라미타가
이 크게 신묘한 진언이며
크게 밝은 진언이고 위없는 진언이며
평등함이 없이 평등한 진언이라
온갖 괴로움을 없애
진실하여 허망하지 않음을 알라.
그러므로 프라즈냐파라미타의 진언을 설하리라.

가테 가테 파라가테 파라삼가테 보디스바하

故知般若波羅蜜多 是大神呪
是大明呪 是無上呪 是無等等呪
能除一切苦 眞實不虛
故說般若波羅蜜多呪 卽說呪曰

羯諦羯諦 波羅羯諦 波羅僧羯諦 菩提薩婆訶

　중생의 번뇌가 연기한 것이므로 있되 있음 아니되 지금 연기하
여 일어나고 있으므로 없되 없음 아니다.
　번뇌가 실로 있음이 아니므로 중생의 여래장은 물듦이 없고 때
문음이 없지만, 번뇌가 실로 없음이 아니므로 번뇌를 보디에로 돌
이키는 해탈의 실천이 연기한다.

번뇌가 실로 있음이 아닌 줄 모르고 번뇌를 끊고 보디를 얻으려 하면 조복하는 모습〔調伏相〕에 머무는 것이고, 번뇌가 실로 없되 없음 아닌 줄 모르고 번뇌가 공한 관념의 청정성에 머문다면 지금 연기하고 있는 번뇌를 조복하지 않는 모습〔不調伏相〕에 머문 자이다.

그러므로 번뇌를 보디에 돌이키지 못하고 끝없이 번뇌를 되풀이하여 나고 죽음의 수레를 따라 구르는 범부나, 관념적인 청정성을 믿고 번뇌를 보디에로 돌이켜 쓰지 못하는 치우친 수행자가, 모두 번뇌를 조복하지 않는 모습〔不調伏相〕에 떨어진 자이다.

연기론의 뜻으로 보면 번뇌 조복하는 모습에 머물지 않고 조복하지 않는 모습에도 머물지 않아야 보디사트바의 프라즈냐파라미타이다.

그러므로 깊은 프라즈냐파라미타를 행하는 자는 번뇌가 공한 진여의 땅에 발을 대고 끊되 끊음 없이 번뇌를 돌이켜 보디에로 나아가는 자이다.

번뇌를 끊음 없이 끊고 해탈의 저 언덕에 건너기 위해서는 방편의 배가 없이는 나아갈 수 없고, 삼계의 불타는 집을 벗어나 흰 소가 끄는 큰 수레〔白牛大車〕가 있는 해탈의 광야에 가기 위해서는 방편의 수레〔方便乘〕가 있어야 한다.

지금 아무리 번뇌가 공하다 외쳐도 번뇌의 불에 타오르며 고통의 수레바퀴를 반복하는 중생에게는 번뇌의 불을 끄는 시원한 단이슬의 물이 필요하고 가시밭 고통의 땅을 벗어나도록 하는 실천의 수레가 필요하다.

그러므로 여래는 늘 실상과 지혜가 둘이 아닌 일승(一乘)의 땅에서 중생을 위해 중생의 병통과 근기에 맞게 방편의 수레를 세워 중생을 이끄시고 갖가지 언어의 방편과 선정의 방편을 세워 중생을 해탈의 땅에 이끄신다.

『법화경』은 말한다.

> 시방 붇다의 땅 가운데는
> 오직 일승의 법만이 있고
> 이승과 삼승은 없는 것이나
> 붇다 방편의 말씀은 내놓는다.

> 十方佛土中　唯有一乘法
> 無二亦無三　除佛方便說

여래의 온갖 교설은 오직 중생으로 하여금 '다섯 쌓임의 진실〔五蘊實相〕'을 깨달아 보디를 이루도록 함에 있는 것이니, 오직 '하나인 붇다의 수레〔一佛乘〕'만 있다.

중생의 집착 따라 이승(二乘)을 보이고 삼승(三乘)을 보이지만 그것은 이승과 삼승을 통해 일승에 돌아가도록 하기 위함이니 방편을 방편인 줄 알면 방편에서 곧장 일승에 나아가게 된다.

중생의 번뇌가 한량없으므로 여래 또한 한량없는 언어와 비유를 통해 중생을 이끄신다.

오직 하나인 붇다의 수레만이 진실이지만 이승 삼승의 방편이 없으면 중생은 붇다의 수레에 오를 수 없다.

그러므로 여래가 보인 이승 삼승의 법은 일승의 땅에서 방편을 보여 일승에 이르게 하기 위함인 줄 알아야 하는 것이다.

　여래께서 아함(阿含)을 설하고 반야(般若)를 설하고 유식(唯識)을 설해 그 언어의 방편이 중생 따라 달라지고 세간의 풍조 따라 달라져도 그 언어의 방편은 끝내 '하나인 진리의 세계〔一眞法界〕'에 나아가고 '오직 하나인 붇다의 수레〔唯一佛乘〕'에 오르도록 하기 위함이다.

　경은 말한다.

　　　　나에게 방편의 힘이 있어
　　　　삼승의 법을 열어보였으나
　　　　온갖 모든 세존께서는
　　　　다 일승의 도 말씀하시네.

　　　　지금 여기 여러 대중들도
　　　　모두 다 의혹을 없애버리라.
　　　　모든 붇다의 말씀은 다름이 없어
　　　　오직 일승일 뿐 이승이 없네.

　　　　我有方便力　開示三乘法
　　　　一切諸世尊　皆說一乘道

　　　　今此諸大衆　皆應除疑惑
　　　　諸佛語無異　唯一無二乘

　오직 하나인 실상을 열기 위해 방편을 보였다는 이 뜻은 수행방편에서도 마찬가지다.

간화선의 공안(公案), 붇다의 명호[佛名號], 다라니(dhāraṇī), 수트라의 말씀 등 온갖 수행방편은 프라즈냐파라미타의 도구이니, 저 언덕에 건너가는 배의 삿대와 같고 소젖을 저어 제호를 만드는 도구와 같다.

그러므로 수행방편을 교조화하고 절대화하는 것은 방편의 수레에 앉아 내릴 줄 모르는 자와 같고, 저 언덕에 건너기 위해 배를 모는 자가 배를 집착해 내릴 줄 모르는 것과 같다.

간화선(看話禪)에서 말귀도 말귀를 절대화하면 화두를 끌어안고 진실을 등지는 것이고, 아미타불을 불러도 그 언구가 남이 없음[無生]을 바로 보아 생각에서 생각을 벗어나면 아미타불의 명호가 산 말귀[活句]가 되고 진언(眞言)이 되는 것이다.

화두의 한 생각[話頭一念]이 생각 없는 생각이 될 때 죽은 말귀가 산 말귀가 되는 일대전환처가 있는 것이다.

'화두 들기 이전에 눈을 대고 홀연히 다시 살아나라'는 옛 조사의 경책이 참으로 죽은 말귀를 산 말귀가 되게 하는 간절한 말씀이다.

여래의 보디에도 취할 것이 없는데 화두를 죽은 말귀로 쥐고 있는 것이 어찌 보디사트바의 프라즈냐파라미타행이 되겠는가.

온갖 방편은 진실처에서 일어나 진실처에 이를 때 방편의 이름을 얻게 되는 것이니, 방편을 방편 자체로 절대화하면 삼승의 수레를 붙잡고 '흰 소가 끄는 큰 수레[白牛大車]'에 오르지 못하는 것과 같다.

방편이 공한 방편인 줄 아는 자가 방편에서 곧 방편을 벗어나 실상에 돌아가는 자이니, 그가 길 가는 일[途中事]에서 집안 소식[家裏事] 쓰는 자이다.

방편 안에서 바로 방편을 버려 오직 위없는 보디만을 말하는 크나큰 장부 마하사트바의 깊은 반야행을, 『법화경』은 이렇게 말한다.

지금 나는 기쁘고 두려움 없이
모든 보디사트바들 가운데서
바로 곧장 방편을 버려
다만 위없는 도만을 말하네.

今我喜無畏　於諸菩薩中
正直捨方便　但說無上道

이 뜻을 다시 반야심경의 가르침에 가져와 사유해보자.
여래의 프라즈냐는 법계인 지혜이고 여래의 다라니 프라즈냐파라미타의 진언은 지혜인 해탈행이다.
여래의 해탈의 행인 진언은 있되 공하고 공도 공해 중도의 실상이고 법신이니 여래에게 법신(法身) 반야(般若) 해탈(解脫)은 하나도 아니고 다름도 아니다.
이를 다시 프라즈냐파라미타의 다라니를 외우는 중생 편에서 살펴보자.
저 진언 문자를 외울 때 외우는 마음은 진언인 마음이고 진언은 마음인 진언이다.
진언 문자가 있되 공해 나되 남이 없고 사라지되 사라짐 없음을 통달하면 진언의 문자가 법계가 된다. 그때 진언 외우는 마음은 마음 아닌 마음 프라즈냐파라미타의 마음이 되며, 진언의 소리는 보디사트바의 해탈의 행이 되고 중생을 저 언덕에 건네주는 밑 없는 배〔無底船〕의 삿대가 된다.

이제 보디사트바는 반야의 가르침을 받아 '가테 가테 파라가테 파라삼가테 보디스바하'의 진언을 외운다.

그가 가르침을 따라 다라니를 외워 소리가 옴이 없고 감이 없으며 남이 없고 사라짐이 없음을 통달하면, 그는 진여법계에 서서 앎이 없이 아는 반야의 사람이 되고 생각 생각 번뇌를 보디에로 돌이키고 걸음 걸음 중생을 해탈의 언덕에 이끄는 마하사트바가 될 것이다.

그러면 그가 곧 '깊은 프라즈냐파라미타를 행하는 자'이고 그가 법계 그대로의 넓고 큰 행〔廣大行〕으로 '온갖 괴로움과 액란을 건너 나와 중생을 함께 해탈의 땅에 이끄는 자'이다.

옛 사람〔法眞一〕7)은 참된 말씀을 외우는 뜻을 이렇게 말한다.

다섯 쌓임 열여덟 법의 영역에 있지 않고

---

7) 법진일선사의 게송은 반야다라 존자의 다음 법문에 붙인 노래이다.

반야다라 존자가 동인도 국왕의 재에 참석했는데, 왕이 물었다.
"모든 사람들이 다 경을 읽는데 왜 스님만 경을 읽지 않으십니까."
이로 인해 존자가 말했다.
"저는 숨 내쉼에 뭇 인연을 거치지 않고, 숨 들이쉼에 다섯 쌓임과 열여덟 영역에 머물지 않고, 늘 이와 같은 경 백천만억 권을 읽습니다."

般若多羅尊者 因東印土國王齋
王乃問 諸人盡轉經 唯師爲甚不轉
尊者云 貧道出息 不涉衆緣 入息不居陰界 常轉如是經百千萬億卷 - 〔古則〕(九七)

마음으로 경계를 붙잡지도 않나니
어찌 가운데와 두 가에 머물러 있겠는가.
이 같은 경 천억 권을 늘 굴려 읽으나
일찍이 한 글자도 말함에 떨어지지 않도다.

不居陰界不攀緣　豈在中間及二邊
常轉是經千億卷　曾無一字落言詮

　다시 진언을 설하는 수트라의 뜻을 달마선사 심경송을 통해 살
펴보자.
　달마선사의 심경송은 '프라즈냐파라미타가 곧 크게 신묘한 진언
이고 크게 밝은 진언이다〔般若波羅蜜多 是大神呪 是大明呪〕'라고 함
에 대해 다음 같이 노래한다.

프라즈냐가 신묘한 진언이니
다섯 쌓임에 대한 의심 없애네.
번뇌가 다 끊어져 다하면
청정하여 스스로 벗어나리라.

네 지혜의 물결 다함없으니
여덟 가지 앎에 신묘한 위력 있네.
마음 등불이 법계를 밝히니
이것이 곧 바로 보디로다.

般若爲神呪　能除五蘊疑
煩惱皆斷盡　淸淨自分離

四智波無盡　八識有神威
心燈明法界　卽此是菩提

　달마선사의 심경송은 '위없는 진언이다〔是無上呪〕'라고 함에 대해
이렇게 노래한다.

　　위없음을 가장 빼어남이라 하니
　　빼내 건져 뭇 미혹한 이를 위하네.
　　크고 커서 삼계의 주인이 되고
　　원은 넓어 자비를 일으키도다.

　　중생의 갖가지 뜻을 따르고
　　흐름 따라 미혹한 이들 끌어 교화하니
　　사람 사람이 저 언덕을 일으키는 것
　　나를 말미암고 저를 말미암음 아니네.

無上稱最勝　拔濟爲群迷
摩訶三界主　願廣起慈悲

能順衆生意　隨流引化迷
人人起彼岸　由我不由伊

　달마선사의 심경송은 '평등함이 없이 평등한 진언이다〔是無等等
呪〕'라고 함에 대해 이렇게 노래한다.

　　붇다의 도가 천 성인을 이루니

법의 힘은 다시 허물 없도다.
참된 공이 모든 있음을 없애나
변화의 몸이 많음 나타내네.

보디사트바가 오게 되면
중생의 괴로움을 위하고
보디사트바가 가게 되면
세간 마라 위하게 되네.
겁의 바위는 다 없어지지만
나 아닌 나는 사바에 있네.

佛道成千聖　法力更無過
眞空滅諸有　示現化身多

來爲衆生苦　去爲世間魔
劫石皆歸盡　唯我在娑婆

달마선사의 심경송은 '온갖 괴로움을 없애 진실하여 헛되지 않음
〔能除一切苦眞實不虛〕'에 대해 다음 같이 노래한다.

붇다의 원과 자비의 마음 넓으니
나는 세상마다 중생을 건네주시고
법을 넓히시려 진리 말씀하시사
빨리 닦아 행하도록 널리 권하시네.

마음 돌이켜 법의 실상을 보면
괴로움 다해 남이 없음 보게 되고

길이 세 악한 길을 쉬게 되면
툭 트이어 즐겁게 노래하리라.

佛願慈心廣　世世度衆生
弘法談眞理　普勸急修行

回心見實相　苦盡見無生
永息三惡道　坦蕩樂裏裏

　심경송은 '그러므로 프라즈냐파라미타의 진언 설하리라〔故說般若
波羅蜜多呪〕'함에 대해 이렇게 노래한다.

그러므로 진여의 진리 설한다 하니
깨닫지 못했으면 빨리 마음 돌리라.
여섯 도적 열 가지 악 사라지면
마라의 산이 바닥까지 꺾어지리.

신묘한 진언이 세 독을 없애면
마음 꽃에 다섯 잎 피어나고
열매 익고 뿌리 서려 얽히면
걸음 걸음 여래를 뵙게 되리라.

故說眞如理　未悟速心回
六賊十惡滅　魔山合底摧

神呪除三毒　心花五葉開
果熟根盤結　步步見如來

달마선사의 심경송은 '이제 진언을 설하리라〔卽說呪曰〕, 가테 가
테 파라가테 파라삼가테 보디스바하〔羯諦羯諦 波羅羯諦 波羅僧羯諦
菩提薩婆訶〕'에 대해 이렇게 노래한다.

　가테는 근본의 마루와 벼리니
　기틀 붙들어 법의 깃발 세우네.
　여래가 가장 높고 빼어나시니
　범부의 마음은 헤아릴 수 없어라.

　가도 없고 가운데도 또한 없으며
　짧음도 없고 또한 깊도 없나니
　프라즈냐파라미타의 진언은
　만대의 옛과 지금에 항상하도다.

　羯諦本宗綱　扶機建法幢
　如來最尊勝　凡心莫等量

　無邊無中際　無短亦無長
　般若波羅蜜　萬代古今常

　말법제자 학담 또한 한 노래로 프라즈냐파라미타의 진언을 찬탄
하리라.

　神妙般若大總持　非色非心亦不離
　是卽般若解脫行　法界文字常不壞

受持行者常觀察　初聲不生何有滅
如是了知遠離妄　常步法界度幻衆

신묘한 프라즈냐의 큰 다라니는
물질도 아니고 마음도 아니며
또한 물질과 마음 떠나지도 않네.
이것이 곧 프라즈냐의 해탈행이니
법계인 문자는 늘 무너지지 않도다.

다라니 받아 지녀 행하는 자가
이 다라니문자 늘 살펴본다면
첫 소리가 일찍이 남이 아니니
어찌 소리에 사라짐이 있으리.
이와 같이 밝게 깨달아 알아
허망함을 멀리 여의게 되면
늘 법계의 땅 가운데 거닐며
널리 허깨비 중생 건네주리라.

○ 부 록 ○

[달마선사 심경송 모음]
[여러 조사들의 게송과 학담 평창송]

〔 달마선사 심경송 모음 〕

○ '프라즈냐파라미타 흐리다야 수트라'의 경 제목에 대해 심경
  송(心經頌)은 이렇게 노래한다.

　　지혜의 청정한 바다는
　　진리가 그윽하고 그윽하며
　　뜻은 아주 깊고 깊어서
　　멀리 저 언덕에 이르게 하네.
　　위없는 보디에 향하는 길
　　오직 반야의 마음 말미암으니
　　비록 천 가지 뜻을 많이 듣지만
　　실이 바늘 의지함 떠나지 않네.
　　수트라의 꽃 반야에 매었으니
　　만겁의 한량없는 세월에
　　뭇 어진 이 반야를 우러르네.

　　智慧淸淨海　理密義幽深
　　波羅到彼岸　向道秪由心
　　多聞千種意　不離線因針
　　經花糸一道　萬劫衆賢欽

○ '살핌이 자재한 보디사트바〔觀自在菩薩〕'를 이렇게 노래한다.

　　보디사트바의 빼어나고 거룩한 지혜
　　여섯 아는 뿌리 널리 모두 같아서

마음이 공해 살핌이 자재하니
걸림 없는 크나큰 신통이로다.

디야나의 문에서 사마디 들어
사마디로 동과 서에 맡겨 따르며
시방에 두루 노닐어 다니지만
붇다의 가신 자취 볼 수 없어라.

菩薩超聖智　六處悉皆同
心空觀自在　無閡大神通

禪門入正受　三昧任西東
十方遊歷遍　不見佛行蹤

○ '깊은 프라즈냐파라미타 행함〔行心般若波羅密多〕'을 이렇게 노
래한다.

여섯 해에 크나큰 도를 구하여
그 행이 깊지만 몸을 떠나지 않네.
지혜가 해탈하고 마음이 해탈하면
저 언덕머리 이르른 사람이리.

거룩한 도 공해 고요하고 고요함
이와 같이 내가 지금 들으니
붇다의 행 평등하신 뜻은
때가 되면 듣는 이 또한 깨달아
스스로 미혹한 무리 벗어나리.

六年求大道　行深不離身
智慧心解脫　達彼岸頭人

聖道空寂寂　如是我今聞
佛行平等意　時到自超群

○ '다섯 쌓임이 모두 공함 비추어 봄〔照見五蘊皆空〕'에 대해 이렇
게 노래한다.

중생의 탐욕과 애착으로
다섯 가지 물든 쌓임 이루니
거짓 합해 몸이 되었네.
피와 살이 힘줄과 뼈에 이어지니
살갗 속에 한 무더기 티끌이네.

미혹한 무리 즐겨 집착하지만
지혜로운 이는 가까이 하지 않네.
물질을 이루는 땅 물 불 바람
네 모습이 다 다함에 돌아가나니
무엇을 참됨이라 말할 것인가.

貪愛成五蘊　假合得爲身
血肉連筋骨　皮裏一堆塵

迷徒生樂著　智者不爲親
四相皆歸盡　呼甚乃爲眞

○ '온갖 괴로움과 액란 건넘〔度一切苦厄〕'을 이렇게 노래한다.

　　허망하게 매여 몸이 괴로움이 되고
　　사람과 나에 마음 저절로 미혹하네.
　　니르바나의 맑고 깨끗한 도가
　　뉘라서 집착된 마음 의지한다 할 것인가.

　　다섯 쌓임 열여덟 법의 영역
　　여섯 티끌의 있는 모습 일어나면
　　액란과 업이 서로 따르나니
　　만약 마음에 괴로움 없고자 하면
　　어서 반야를 듣고 보디 깨치라.

　　妄繫身爲苦　人我心自迷
　　涅槃淸淨道　誰肯著心依

　　陰界六塵起　厄難業相隨
　　若要心無苦　聞早悟菩提

○ 먼저 '샤리푸트라〔舍利子〕'를 불러 가르치시는 뜻을 이렇게 노
　래한다.

　　도를 통달함은 마음바탕 말미암으니
　　마음이 깨끗하면 이익됨이 아주 많으리.
　　연꽃이 물을 벗어남과 같이

도의 근원 단박 깨쳐 하나되면
늘 고요한 모습에 머물게 되어
지혜는 뭇 어려움을 벗어나리.
홀로 삼계 밖으로 벗어나게 되어
다시 사바를 그리워하지 않으리.

達道由心本　心淨利還多
如蓮華出水　頓覺道源和
常居寂滅相　智慧衆難過
獨超三界外　更不戀娑婆

○ '물질법과 공이 다르지 않음〔色不異空 空不異色〕'을 심경송은
이렇게 노래한다.

물질과 공은 한 가지인데
진리의 땅 이르지 못하여
치우친 이들 두 가지를 보아서
헛된 분별을 일으키며
나와 법의 모습 집착하여서
스스로 그 마음이 교만하네.

공함 밖에 따로 물질이 없으니
물질이 물질 아닌 뜻 넓고 넓도다.
남이 없는 청정한 물질의 성품
깨치게 되면 곧 니르바나네.

色與空一種　未到見兩般
二乘生分別　執相自心謾

空外無別色　非色義能寬
無生淸淨性　悟者卽涅槃

○ '물질이 공이고 공이 물질임〔色卽是空 空卽是色〕'을 심경송은
　이렇게 노래한다.

공 아닌 공은 있음 아니고
물질 아닌 물질은 모습 아니라
물질과 공이 같이 하나에 돌아가면
정토에서 편안함을 얻게 되리.

공 아닌 공이 묘함이 되면
물질 아닌 물질이 분명하리니
물질과 공이 모두 모습 아니면
어느 곳에 몸의 모습 세울 것인가.

非空空不有　非色色無形
色空同歸一　淨土得安寧

非空空爲妙　非色色分明
色空皆非相　甚處立身形

○ '느낌·모습 취함·지어감·앎 또한 공함〔受想行識 亦復如是〕'
　을 심경송은 이렇게 노래한다.

느끼고 모습 취해 모든 경계 받으면
지어감과 앎의 헤아림 넓고 넓으니
두루 헤아리는 마음 없애게 되면
나라는 병 서로 걸리지 않으리.

해탈의 마음은 걸림 없나니
집착 깨뜨려 마음 근원 깨치라.
그러므로 마음 또한 이와 같다고 하니
공한 성품과 다섯 쌓임의 모습은
서로 같아 한가지로다.

受想納諸緣　行識量能寬
遍計心須滅　我病不相于

解脫心無礙　破執悟心源
故云亦如是　性相一般般

○ '샤리푸트라〔舍利子〕'를 다시 부른 뜻을 이렇게 노래한다.

버림을 말하고 몸의 모습 논하는 것은
한 가지 마음 이롭게 말함이니
보디사트바의 금강 같은 힘으로
네 가지 모습이 침범케 말라.

도를 통달하면 사람이라는 집착 떠나고
참된 성품 보면 법엔 소리가 없나니

모든 번뇌 모두 다하게 되면
온몸이 참된 금이 되리라.

說舍論身相　利言一種心
菩薩金剛力　四相勿令侵

達道離人執　見性法無音
諸漏皆總盡　遍體是眞金

○ '이 모든 법의 공한 모습〔是諸法空相〕'에 대해 이렇게 노래한다.

모든 붇다 공한 법을 말씀하시나
치우친 수행자들 모습으로 구하여
경을 찾고 도리를 찾아 구하니
어느 날에 마음 쉼을 배울 것인가.

두렷이 이뤄진 진실한 모습을
단박 보아 마음의 닦음을 쉬면
아득히 법계를 뛰어 벗어나
자재하거니 다시 무엇 근심하리.

諸佛說空法　聲聞有相求
尋經覓道理　何日學心休

圓成眞實相　頓見罷心修
迥然超法界　自在更何憂

○ '나지 않고 사라지지 않음〔不生不滅〕'에 대해 이렇게 노래한다.

바이로차나의 청정한 바탕은
모습 없어서 본래 참되고
허공처럼 온갖 곳에 두루하여
만겁토록 그 바탕 길이 있도다.

모습과 함께하지 않으니
모든 것에 다 집착 않으면
옛도 없고 또한 새로움도 없네.
빛을 누그려 티끌에 함께하되
티끌에 물들지 않으면
삼계에 홀로 높게 되리라.

盧舍淸淨體　無相本來眞
如空皆總遍　萬劫體長存

不共皆不著　無舊亦無新
和光塵不染　三界獨爲尊

○ '더러움도 아니고 깨끗함도 아님〔不垢不淨〕'에 대해 이렇게 노
래한다.

진여는 삼계를 벗어났으니
더러움과 깨끗함 본래 없도다.
샤카무니 방편을 일으키시사

번뇌의 미세함과 거침 말씀하시나
공한 법계엔 법이 있지 않으니
이것이 홀로 밝은 달 드러냄이네.
본래에 한 물건도 없으니
어찌 두 갈래에 합할 것인가.

眞如越三界　垢淨本來無
能仁起方便　說細及言麤
空界無有法　是現一輪孤
本來無一物　豈合兩般呼

○ '늘어남도 아니고 줄어듦도 아님〔不增不減〕'에 대해 이렇게 노
래한다.

여래의 몸은 모습이 없으나
시방 허공을 가득 채우네.
공함에는 있음을 세울 수 없고
있음 안에서 공을 보지 못하네.

보는 것은 물 가운데 달과 같고
들음은 귓가에 바람 같나니
법신이 어찌 늘고 줄어들건가.
삼계에서 참된 얼굴이라 부르리.

如來體無相　滿足十方空
空上難立有　有內不見空

看似水中月　聞如耳畔風
法身何增減　三界號眞容

○ '그러므로 공함 가운데에는〔是故空中〕'이라고 말함에 대해 이
렇게 노래한다.

보디는 밖에 있지 않고
가운데서도 찾을 수 없어라.
모습 아니고 모습 아님도 아니니
따져 헤아리면 기틀과 빗장 잃으리.

세계가 곧 세계가 아니라
해와 달 별자리의 세 빛
네 하늘을 환히 비출 수 있네.
본래 막혀 걸림이 없으니
어느 곳에 가리는 것 있겠는가.

菩提不在外　中聞覓也難
非相非非相　量測失機關

世界非世界　三光照四天
本來無障閡　甚處有遮欄

○ '공 가운데 다섯 쌓임이 없음〔無色無受想行識〕'을 이렇게 노래
한다.

물질이 실체 없어 본래 공하고
느낌과 뜻이 없는 것도 또한 같아라.
지어감과 앎은 없음 가운데 있으니
있음 다하면 도로 공에 돌아가네.

있음을 집착하나 실로 있음 아니니
공을 의지하면 또 공에 떨어지네.
물질과 공에 마음이 함께 떠나면
바야흐로 신통을 얻게 되리라.

無色本來空　無受意還同
行識無中有　有盡却歸空

執有實不有　依空又落空
色空心俱離　方始得神通

○ '공 가운데 안의 여섯 아는 뿌리 없음〔無眼耳鼻舌身意〕'을 이렇게 노래한다.

여섯 아는 뿌리는 자성 없으나
모습 따라 그에 맞게 자리하네.
빛깔 분별하고 소리 울림 생각하며
사람과 나 혀로 농지거리 하네.

코는 때로 냄새를 분별하고
몸과 뜻뿌리 탐욕으로 어긋나지만
여섯 곳에서 탐욕 애착 끊어지면

만겁토록 윤회하지 않으리.

六根無自性　隨相與安排
色分緣聲響　人我舌詠諧

鼻或分香臭　身意欲情乖
六處貪愛斷　萬劫不輪迴

○ '공 가운데 여섯 티끌 경계 없음〔無色聲香味觸法〕'을 이렇게 노
래한다.

깨친 지혜엔 소리 빛깔이 없는데
냄새 맛 닿음은 다른 누구이리.
여섯 티끌의 실체 망상 좇아 일어나
범부 마음 스스로 미혹해 의심하네.

나고 죽음에서 나고 죽음을 쉬면
보디란 이것을 깨친 때이네.
법의 성품 공하여 머묾 없지만
다만 그를 깨침 늦을까 걱정하네.

證智無聲色　香味觸他誰
六塵從妄起　凡心自惑疑

生死休生死　菩提證此時
法性空無住　只恐悟他遲

○ '공 가운데 열여덟 법의 영역이 없음〔無眼界乃至無意識界〕'을 이렇게 노래한다.

　　아는 뿌리와 경계는 실로 있음 아닌데
　　여섯 앎이 망녕됨을 좇아 일어나
　　남을 의지하는 성품 스스로 열리니
　　눈과 귀 나아가 몸과 뜻의 뿌리에서
　　뉘라서 스스로 헤아림을 긍정할 건가.

　　혀와 코가 뒤바뀜을 행하지만
　　마음왕이 다시 버려서 돌이키면
　　여섯 앎 가운데서 오래지 않아
　　단박 깨쳐 여래를 향하게 되리.

　　六識從妄起　　依他性自開
　　眼耳兼身意　　誰肯自量裁

　　舌鼻行顚倒　　心王却遣回
　　六識中不久　　頓悟向如來

○ '공 가운데 십이연기와 십이연기의 다함이 없음〔空中無無明亦無無明盡〕'을 이렇게 노래한다.

　　열두 가지 인연이 있어서
　　남에서 늙음까지 서로 따르네.
　　몸이 있으면 무명이 이르러

두 모습은 머리를 가지런히 하네.

몸이 다하면 무명이 다하지만
과보 받으면 다시 올 기약이 되네.
지혜의 몸은 허깨비 변화 같나니
어서 빨리 함이 없음 깨치라.

十二因緣有　生下老相隨
有身無明至　二相等頭齊

身盡無明盡　受報却來期
智身如幻化　急急悟無爲

○ '공 가운데 사제의 흘러 구름의 연기〔流轉緣起〕와 니르바나에
　돌아가는 연기〔還滅緣起〕가 없음'을 이렇게 노래한다.

사제의 법이 삼계에서 일어나니
단박 깨치는 가르침의 뜻 분명하네.
끊음 없이 괴로움을 끊고
괴로움을 모아냄 이미 사라지면
거룩한 보디의 도 절로 이루리.

성문은 망상을 억지로 쉬려 하고
치우친 연각은 뜻 평안히 하지만
보디의 도 이루는 곳 알려 하는가.
마음 위에 머묾을 두지 마라.

四諦興三界　頓敎義分明
苦斷集已滅　聖道自然成

聲聞休妄想　緣覺意安寧
欲知成佛處　心上莫留停

○ '공 가운데 지혜도 없고 얻은 바도 없음〔無智亦無得〕'에 대해 이
렇게 노래한다.

　　법은 본래 없음과 있음 아니니
　　지혜가 헤아려 알 수 없도다.
　　참된 기쁨의 마음이 때를 떠나니
　　빛을 내어 시방을 가득 채우네.

　　이길 수 없는 지혜가 앞에 나타나니
　　크나큰 도량에 멀리 가며
　　움직임 없이 저 언덕 건너가니
　　좋은 지혜는 법 가운데 왕이로다.

法本非無有　智慧難測量
歡喜心離垢　發光滿十方

難勝於前現　遠行大道場
不動超彼岸　善慧法中王

○ 인연의 모습과 해탈의 인과에 모두 '얻을 것 없음〔以無所得故〕'
을 이렇게 노래한다.

고요한 바탕에는 얻음이 없고
참된 공은 손으로 붙잡음 끊어졌네.
본래 모습과 얼굴 없으나
방편으로 세 보시 세웠도다.

네 걸림없는 지혜로 법과 비유를 여니
여섯 가지 파라미타의 행을
도성에 들어가는 빗장이라 하네.
열 지위 세 수레의 법이여
뭇 성인도 그것 헤아리기 어렵네.

寂滅體無得　眞空絶手攀
本來無相貌　權且立三檀

四智開法喩　六度號都關
十地三乘法　衆聖測他難

○ '보디사트바'에 대해 이렇게 노래한다.

붇다의 도는 참으로 알 수 없으니
사트바는 바로 범부로다.
중생이 참 성품 보려고 하면
붇다를 공경해 마음에 외로워 말라.

세간의 여러 선지식들은
말로 논하는 법 가늘고 거칠지만

단박 깨치면 마음 평등하여
가운데에 모습 있음도 없애버리네.

佛道眞難識　薩埵是凡夫
衆生要見性　敬佛莫心孤

世間善知識　言論法細麤
頓悟心平等　中間有相除

○ '프라즈냐파라미타를 의지한다' 함에 대해 이렇게 노래한다.

프라즈냐는 지혜를 말하고
건넘은 의지할 바 없음이니
마음의 공한 성품 넓고 커서
안과 밖이 다 함이 없도다.

성품 공해 걸림 없는 말재간
삼계에 통달한 사람 드무니
크게 보아 크나큰 법 밝히면
모두들 사유할 수 없고
말할 수 없다 찬탄하리라.

般若言智慧　波羅無所依
心空性廣大　內外盡無爲

性空無礙辯　三界達人稀
大見明大法　皆讚不思議

○ '마음에 걸림 없다'고 함을 이렇게 노래한다.

해탈의 마음은 걸림 없어서
뜻이 크나큰 허공 같아라.
네 모서리에 한 물건도 없으며
위아래도 모두 다 같이 없도다.

오고 감에 마음 자재하나니
푸드갈라와 여러 다르마 모두 공해
사람과 법 서로 만나지 않네.
도를 물어서 찾아보되
한 물건도 보지 않으니
쓰는 대로 번뇌의 울 벗어나리.

解脫心無閡　意若太虛空
四維無一物　上下悉皆同

來往心自在　人法不相逢
訪道不見物　任運出煩籠

○ '걸림이 없으므로 두려움 없다'고 함을 이렇게 노래한다.

나고 죽는 마음이 두려워하나
함이 없는 성품 스스로 편안하네.
경계를 잊고 마음 또한 사라지니

성품 바다 맑고 맑아 드넓도다.

세 몸이 정토에 돌아가니
여덟 앎은 인연을 떠났도다.
여섯 신통은 실상을 따르니
바탕을 돌이켜 근원에 돌아가네.

生死心恐怖　無爲性自安
境忘心亦滅　性海湛然寬

三身歸淨土　八識離因緣
六通隨實相　復本却還源

○ '온갖 뒤바뀐 헛된 생각 멀리 떠남'을 이렇게 노래한다.

두 가를 온전히 세우지 말고
가운데 길에도 마음 닦음 내지 말라.
성품 보면 나고 죽음 다하리니
보디에는 구할 것이 없도다.

몸 밖에서 참된 붇다 따로 찾으면
뒤바뀌어 한 생을 헛되이 지내리.
고요히 앉아 몸이 편안하고 즐거우면
함이 없는 과덕이 저절로 두루하리.

二邊純莫立　中道勿心修
見性生死盡　菩提無所求

　　身外覓眞佛　顚倒一生休
　　靜坐身安樂　無爲果自周

○ '니르바나를 마쳐 다하리〔究竟涅槃〕'라 함에 대해 이렇게 노래
　한다.

　　남이 없는 성품을 마쳐 다하면
　　청정하여 이것이 니르바나네.
　　범부는 성인을 헤아리지 말아야 하니
　　이르지 못하면 따지게 되리라.

　　배움 있음이 도로 배움 없음이 되나
　　붇다 지혜 더욱 깊고 그윽하여라.
　　마음 없는 이치를 알려고 하는가.
　　집착 말고 마음의 근원을 쉬라.

　　究竟無生性　淸淨是涅槃
　　凡夫莫測聖　未到卽應難

　　有學却無學　佛智轉深玄
　　要會無心理　莫著息心源

○ '삼세의 모든 붇다〔三世諸佛〕'에 대해 이렇게 말한다.

　　지나간 것 실답다 말하지 않고
　　오지 않은 것 참되다 하지 않으면

머묾 없는 현재가 보디의 씨앗이니
법 없음을 그윽한 문이라고 하네.

세 몸이 같이 하나에 돌아가고
한 성품이 몸을 두루 머금나니
진리를 통달하면 삼세가 아니라
한 법으로 원인 없음을 얻네.

過去非言實　未來不爲眞
現在菩提子　無法號玄門

三身同歸一　一性遍含身
達理非三世　一法得無因

○ '프라즈냐파라미타를 의지하므로 아누타라삼약삼보디 얻는다
　〔依般若波羅蜜多故 得阿耨多羅三藐三菩提〕'고 함에 대해 이렇게
　말한다.

붇다의 지혜 깊어 헤아릴 수 없고
지혜의 앎은 넓어 끝이 없으며
위없는 마음은 바르고 두루해
자비의 빛은 대천에 가득하네.

고요한 마음 가운데 교묘함 있어
중생 위해 만 갈래를 세워 보이니
보디사트바는 여러 가지 방편으로
널리 건져내 사람과 하늘 위하네.

佛智深難測　慧解廣無邊
無上心正遍　慈光滿大千

寂滅心中巧　建立萬餘般
菩薩多方便　普救爲人天

○ '프라즈냐파라미타가 곧 크게 신묘한 진언이고 크게 밝은 진
언이다〔般若波羅蜜多 是大神呪 是大明呪〕'라고 함에 대해 이렇
게 노래한다.

프라즈냐가 신묘한 진언이니
다섯 쌓임에 대한 의심 없애네.
번뇌가 다 끊어져 다하면
청정하여 스스로 벗어나리라.

네 지혜의 물결 다함없으니
여덟 가지 앎에 신묘한 위력 있네.
마음 등불이 법계를 밝히니
이것이 곧 바로 보디로다.

般若爲神呪　能除五蘊疑
煩惱皆斷盡　淸淨自分離

四智波無盡　八識有神威
心燈明法界　卽此是菩提

○ '위없는 진언이다〔是無上呪〕'라고 함에 대해 이렇게 노래한다.

위없음을 가장 빼어남이라 하니
빼내 건져 뭇 미혹한 이를 위하네.
크고 커서 삼계의 주인이 되고
원은 넓어 자비를 일으키도다.

중생의 갖가지 뜻을 따르고
흐름 따라 미혹한 이들 끌어 교화하니
사람 사람이 저 언덕을 일으키는 것
나를 말미암고 저를 말미암음 아니네.

無上稱最勝　拔濟爲群迷
摩訶三界主　願廣起慈悲

能順衆生意　隨流引化迷
人人起彼岸　由我不由伊

○ '평등함이 없이 평등한 진언이다〔是無等等呪〕'라고 함에 대해
이렇게 노래한다.

붇다의 도가 천 성인을 이루니
법의 힘은 다시 허물 없도다.
참된 공이 모든 있음을 없애나
변화의 몸이 많음 나타내네.

보디사트바가 오게 되면

중생의 괴로움을 위하고
보디사트바가 가게 되면
세간 마라 위하게 되네.
겁의 바위는 다 없어지지만
나 아닌 나는 사바에 있네.

佛道成千聖　法力更無過
眞空滅諸有　示現化身多

來爲衆生苦　去爲世間魔
劫石皆歸盡　唯我在娑婆

○ '온갖 괴로움을 없애 진실하여 헛되지 않음〔能除一切苦眞實不
虛〕'에 대해 이렇게 노래한다.

붇다의 원과 자비의 마음 넓으니
나는 세상마다 중생을 건네주시고
법을 넓히시려 진리 말씀하시사
빨리 닦아 행하도록 널리 권하시네.

마음 돌이켜 법의 실상을 보면
괴로움 다해 남이 없음 보게 되고
길이 세 악한 길을 쉬게 되면
툭 트이어 즐겁게 노래하리라.

佛願慈心廣　世世度衆生

弘法談眞理　普勸急修行

回心見實相　苦盡見無生
永息三惡道　坦蕩樂裏裏

○ '그러므로 프라즈냐파라미타의 진언 설하리라〔故說般若波羅蜜
多呪〕' 함에 대해 이렇게 노래한다.

그러므로 진여의 진리 설한다 하니
깨닫지 못했으면 빨리 마음 돌리라.
여섯 도적 열 가지 악 사라지면
마라의 산이 바닥까지 꺾어지리.

신묘한 진언이 세 독을 없애면
마음 꽃에 다섯 잎 피어나고
열매 익고 뿌리 서려 얽히면
걸음 걸음 여래를 뵙게 되리라.

故說眞如理　未悟速心回
六賊十惡滅　魔山合底摧

神呪除三毒　心花五葉開
果熟根盤結　步步見如來

○ '이제 진언을 설하리라〔卽說呪曰〕, 가테 가테 파라가테 파라삼
가테 보디스바하〔羯諦羯諦 波羅羯諦 波羅僧羯諦 菩提薩婆訶〕'에
대해 이렇게 노래한다.

가테는 근본의 마루와 벼리니
기틀 붙들어 법의 깃발 세우네.
여래가 가장 높고 빼어나시니
범부의 마음은 헤아릴 수 없어라.

가도 없고 가운데도 또한 없으며
짧음도 없고 또한 긺도 없나니
프라즈냐파라미타의 진언은
만대의 옛과 지금에 항상하도다.

羯諦本宗綱　扶機建法幢
如來最尊勝　凡心莫等量

無邊無中際　無短亦無長
般若波羅蜜　萬代古今常

〔 여러 조사들의 게송과 학담 평창송 〕

○ 반야심경의 제목

  □ 숭녕기선사송(崇寧琪禪師頌)

    프라즈냐파라미타라고 하는
    이 경은 빛깔과 소리가 아닌데
    중국말로 거짓되게 번역하였고
    범어로 억지로 이름했도다.

    발을 걷으니 가을빛은 차갑고
    창을 여니 새벽 기운 맑도다.
    만약 이와 같이 바로 안다면
    경의 제목 아주 분명하리라.

    般若波羅蜜 此經非色聲
    唐言謾翻譯 梵語强安名

    卷箔秋光冷 開窓曙氣清
    若能如是會 題目甚分明

  □ 학담(鶴潭) 평창송(評唱頌)

    經之一字義深密 能詮法界般若旨
    三種般若圓融一 五重玄義又明白

般若一經以何宗　無念無相無不相
無所住處如是度　花花草草顯般若

경이라는 한 글자의 뜻 깊고 깊어서
법계인 반야 종지 밝혀내나니
실상 관조 문자 세 가지 반야
두렷이 융통하여 하나이고
다섯 겹 깊은 뜻 또한 명백하도다.

반야의 한 경은 무엇이 종지인가.
생각에 생각 없고 모습 없지만
모습 아님도 또한 없는 것이네.
실로 머무는 바 없는 곳에서
이와 같이 저 언덕에 건너가니
우거진 꽃과 풀이 반야를 드러내네.

○ 경의 본문

살핌이 자재한 보디사트바가
깊은 프라즈냐파라미타를 행할 때
다섯 쌓임이 다 공함을 비추어 보고
온갖 괴로움과 액란을 건넜다.

觀自在菩薩　行深般若波羅蜜多時
照見五蘊皆空　度一切苦厄

□ 단하순선사송(丹霞淳禪師頌)

귀가 들을 때 눈이 또한 통하니
한 아는 뿌리 돌이키면 여섯 뿌리 융통하네.
붇다와 조사의 비어 밝은 곳을 알려는가.
묘함이 소리 냄새 맛 닿음 속에 있도다.

耳界聞時眼界通　一根旋返六根融
欲知佛祖虛明地　妙在聲香味觸中

금종이 비록 울리지만
별과 달이 나뉘지 않으니
등과 초를 빌리어 밝은 빛 삼고
소리와 티끌 의지해 불사를 한다.
여기에 환한 빛 어울려 빛나고
소리와 울림이 서로 어울리되
보고 들음을 멀리 벗어나고
빛깔 소리 아득히 뛰어났다.

金鍾雖韻　星月未分
假燈燭爲光明　仗聲塵爲佛事
於是　熒煌交映　音韻相和
逈出見聞　遐超聲色

□ 천동각선사송(天童覺禪師頌)

발자취 없애 소식을 끊음이여

흰구름에 뿌리가 없으니
맑은 바람이 무슨 빛깔이리.
하늘 덮개 흩뜨리니 마음이 아니지만
땅의 가마 잡음에 도리어 힘이 있도다.
천고의 깊은 근원 통달하고
만상의 모범에 나아감이여
세계의 티끌이 말할 줄 아니
곳곳이 모두 보현이요
누각의 문이 활짝 열리니
온갖 것이 마이트레야네.

沒蹤迹斷消息 白雲無根淸風何色
散乾蓋而非心 持坤輿而有力
洞千古之淵源 造萬像之模則
刹塵道會也 處處普賢
樓閣門開也 頭頭彌勒

□ 학담(鶴潭) 평창송(評唱頌)

五蘊皆空無礙處　法界空寂如來舍
心境雙遮亦雙照　念念文殊行普賢

入林不動一莖草　入水不動一曲波
荊棘林中自在行　劍樹刀山蓮華出

다섯 쌓임이 모두 공해 걸림 없는 곳

법계의 공적한 여래의 집이로다.
마음 경계 모두 막고 모두 비추면
생각 생각 문수요 가는 걸음 보현이네.

숲에 들어 한 줄기 풀 움직이지 않고
물에 들어 한 굽이 물 움직이지 않네.
가시 숲에 들어서 자재히 걸으니
칼나무 칼산 지옥에 연꽃이 솟네.

○ 경의 본문

샤리푸트라여
물질이 공과 다르지 않고
공이 물질과 다르지 않아
물질이 공하고 공이 곧 물질이며
느낌 · 모습 취함 · 지어감 · 앎도
또한 다시 이와 같도다.

舍利子 色不異空 空不異色
色卽是空 空卽是色
受想行識 亦復如是

□ 수산주선사송(修山主禪師頌)

해탈의 길을 알려 하는가.
모든 법이 서로 이르지 않는다.
눈과 귀에 보고 들음 끊겼으나

빛깔 소리가 아득히 시끄럽다.

欲識解脫道 諸法不相到
眼耳絶見聞 聲色鬧浩浩

□ 원오근선사송(圓悟勤禪師頌)

소리가 귀에 이르지 않고
빛깔은 눈에 이르지 않지만
소리와 빛깔 어울려 섞이어
만 가지 법이 드러나 있다.

聲不到耳 色不到眼
聲色交雜 萬法成現

말해보라. 해탈의 길을 밟았는가.
이 뜻을 깨우치지 못하면 수행해도 헛고생이다.

且道 還踏著解脫道也無 不省這个意 修行徒苦辛

□ 학담(鶴潭) 평창송(評唱頌)

五蘊卽空空卽蘊　空假平等無二相
能知心空所知空　夜半寂聽洛花聲

眼色不合耳聲然　根境不有識亦空
於知無知行般若　波羅到岸心安樂

다섯 쌓임이 곧 공하고 공이 곧 쌓임이니
공함과 거짓 있음 평등해 두 모습 없어라.
아는 마음이 공하고 아는 바가 공하지만
한밤에 고요히 꽃 지는 소리 듣노라.

눈과 빛이 합하지 않고
귀와 소리도 또한 그러니
아는 뿌리와 경계 실로 있지 않으며
안과 밖이 어울린 앎 또한 공하도다.
앎에서 알되 앎이 없으면
프라즈냐파라미타를 행함이니
저 언덕에 건너가 마음 안락하리.

○ 경의 본문

샤리푸트라여, 이 모든 법의 공함 모습은
나지 않고 사라지지 않으며
더럽지 않고 깨끗하지도 않으며
늘지도 않고 줄어들지도 않는다.

舍利子 是諸法空相
不生不滅 不垢不淨 不增不減

□ 황룡심선사송(黃龍心禪師頌)

허공을 두드려 메아리 울리니

누가 그 소리를 아는 자이며
나무를 치되 소리가 없는데
헛되이 귀를 기울이는구나.
이는 눈앞의 법이 아니니
갖가지 마음 내지 말아라.

일어나고 사라짐 서로 알지 못하니
그 가운데 등지고 마주함이 없네.
코끼리왕 가는 곳에
여우 토끼 자취를 끊고
물의 달이 드러나니
바람과 구름 저절로 다르네.

이 속에 이르러서는
하늘땅을 거둘 수 없고
우주도 그 이름 알 수 없네.
천 성인도 내리치는 바람에 서니
누가 감히 머리 맞대 말하랴.

그러나 여러 사람들이여
이는 반드시 앞의 살림살이니
짓는 것과 하는 것 안다함과 모른다함
이 모두를 한때에 쓸어버리라.

그것들은 모두 지팡이 짚고 산에 돌아가
긴 휘파람 한 소리에 안개 깊음만 같지 못하리.

敲空作響 誰是知音

擊木無聲 徒勞側耳
不是目前法 莫生種種心
起滅不相知 箇中無背面
象王行處 狐兔絶蹤
水月現前 風雲自異

到這裏
乾坤收不得 宇宙不知名
千聖立下風 誰敢當頭道
諸仁者 應是從前活計
所作施爲, 會與不會 一時掃却
不如策杖歸山去 長嘯一聲煙霧深

□ 학담(鶴潭) 평창송(評唱頌)

諸法不生亦不滅　無有去來亦無住
如是諸法眞實相　如是見者號菩薩

形而未形見不見　如潭底月不可取
處染常淨無增減　行深般若度苦厄

모든 법은 나지 않고 사라지지 않으며
가고 옴이 없고 또한 머묾 없네.
이와 같은 모든 법의 진실한 모습
이와 같이 바로 살펴 보는 자를
보디사트바라고 이름한다네.

형상이 형상 아니라 보되 보지 않음
못에 비친 달 취할 수 없음 같나니
물듦 속에 있어도 늘 깨끗하여
늘어남과 줄어듦이 없으면
깊은 프라즈냐파라미타 행하여
괴로움과 액란 건너게 되리.

○ 경의 본문

그러므로 공함 가운데 물질이 없고
느낌 · 모습 취함 · 지어감 · 앎이 없으며

是故空中無色 無受想行識

□ 단하순선사송(丹霞淳禪師頌)

구름은 높게 날고 물은 절로 흐르며
바다와 하늘은 비어 넓고 넓은데
외로운 배 물결에 출렁거리네.
밤 깊어도 갈대숲에 가 쉬지 않고
가운데와 양쪽 끝 멀리 벗어났도다.

雲自高飛水自流 海天空闊漾孤舟
夜深不向蘆灣宿 逈出中間與兩頭

□ 학담(鶴潭) 평창송(評唱頌)

境中無相心非心　不住心法不住空
色無量故智無量　如來座上行佛事

於心無心相無相　境智冥合寂而照
文殊普賢常提携　寂光土中自在行

경계 가운데 모습 없고
마음은 곧 마음 아니니
마음과 법에 머물지 않고
공에도 머물지 않으면
물질이 한량없으므로
반야 또한 한량없으니
여래의 자리 위에서
붇다의 일을 지으리.

마음에 마음 없고
모습에 모습 없어서
경계 지혜 하나되어
고요하되 늘 비추면
문수 보현 늘 이끌어주어
고요하고 밝은 진리의 땅 가운데
자재하게 행하게 되리.

○ 경의 본문

눈 귀 코 혀 몸과 뜻 이 여섯 안의 들임 없고
빛깔 소리 냄새 맛 닿음 법 이 밖의 여섯 들임 없으며

無眼耳鼻舌身意 無色聲香味觸法

□ 대양선사송(大陽禪師頌)

마음의 길에도 다니지 말고
짓는 공 없는 곳에도 앉지 마라.
있음과 없음 둘을 모두 떠나니
툭 트여 하늘땅이 공하도다.

莫行心處路 莫坐無處功
有無二俱離 廓然天地空

□ 천동각선사송(天童覺禪師頌)

푸른 물결을 다 낚는데
달이 낚는 한 갈쿠리 되니
달 밑 바닥 안개 낀 나무에다
깊은 밤 배를 매어 묶는다.
추위에 떠는 닭 몸을 떨며
하늘 밝아옴을 알리고
웃으며 봄바람 맞으니

바람결에 온갖 풀 부드럽다.

가운데와 밖이 평탄함이여
가로 세로 언제나 자유롭도다.
이리저리 오가는 지공선사는
부질없는 화상이 아니었으니
책갈피에 끼우는 잣대
주장자 끝에 매달았네.

釣盡滄波月一鉤　月低煙樹夜維舟
寒雞抖擻呼天曉　笑對春風百草柔
中外夷猶　縱橫自由
志公不是閑和尙　刀尺相將拄杖頭

□　학담(鶴潭) 평창송(評唱頌)

內外俱空空亦空　一理齊平沒朕迹
忽起妄念分內外　背覺合塵長迷路

眼見色時見不見　背塵合覺越三界
長御白牛火宅中　度脫幻衆登覺岸

안과 밖이 함께 공하되 공 또한 공하니
한 진리가 평등하되 조짐 자취 없도다.
홀연히 망념 일어나 안과 밖을 갈라서
깨달음을 등지고 티끌 번뇌에 합해

기나긴 밤 길을 헤매어 돌고 도네.

눈이 빛깔 볼 때 보되 보지 않으면
티끌 번뇌 등지고 깨달음에 합하여
삼계고해 중생세간 뛰어넘으리.
불타는 집 가운데 길이 흰 소수레 끌면
허깨비 같은 중생 건네 보디언덕 오르리.

○ 경의 본문

눈의 영역에서 뜻의 앎의 영역까지 열여덟 법의 영역이 없고

無眼界 乃至無意識界

□ 심문분선사송(心聞賁禪師頌)

두 손에 꽃을 들고 와 꽃을 모두 놓고서
맨몸으로 땅에 서서 다시 의심하도다.
아는 뿌리 경계와 앎의 영역에서
그 자성 모두 찾을 곳이 없으니
봄바람에 꽃이 활짝 피어남 고마워하네.

兩手持來都放下 空身立地更疑猜
根塵識界無尋處 多謝春風爛熳開

□ 학담(鶴潭) 평창송(評唱頌)

眼見色時眼識生　非內非外非中間
內外中間都放下　耳聞聲時觀自在

十八界中無自性　非有非無思議絶
如是正觀如是行　高步毘盧頂上行

눈이 빛깔 보는 때 눈의 앎이 나지만
앎은 안과 밖도 아니고 가운데도 아니네.
그러므로 안과 밖 가운데를 모두 놓아버리면
귀가 소리 들을 때 살핌이 자재하리.

열여덟 법의 영역 속 자기성품 없으니
있음도 아니고 없음도 아니어서
사유의 길 말의 길이 끊어졌도다.
이와 같이 바로 살펴 이와 같이 가면
바이로차나 이마 위를 높이 걸으리.

○ 경의 본문

무명에서 늙고 죽음까지 십이연기가 없고
무명의 다함에서 늙고 죽음의 다함까지 십이연기의 다함없으며

無無明亦無無明盡　乃至無老死亦無老死盡

□ 영가선사송(永嘉禪師頌)

그대 보지 못하는가.
배움 끊고 함이 없는 한가한 도인은
망상을 없애지 않고 참됨 구하지 않네.
무명의 실다운 성품이 곧 불성이요
허깨비 변화의 텅빈 몸이 곧 법신이네.

君不見
絶學無爲閑道人　不除妄想不求眞
無明實性卽佛性　幻化空身卽法身

□　학담(鶴潭) 평창송(評唱頌)

生死無明相依止　生死本空無明空
觀妄無生卽般若　觀身如幻卽法身

法身般若卽解脫　解脫寂滅本法身
三月春色滿天地　片片洛花隨流去

나고 죽음과 무명은 서로 의지하니
나고 죽음 본래 공하고 무명 또한 공하네.
망상이 남이 없음을 바로 살피면
망상이 그대로 반야지혜이고
몸이 허깨비와 같음 살피면
허깨비 같은 몸이 곧 법신이네.

법신인 반야가 곧 해탈의 행이고

해탈은 고요하여 본래 법신이니
삼월 봄빛은 하늘 땅에 가득한데
조각조각 지는 꽃은 물결 따라 가도다.

○ 경의 본문

괴로움과 괴로움의 모아냄 괴로움의 사라짐과 없애는 길
이 네 가지 진리가 없고

無苦集滅道

□ 장로색선사송(長蘆賾禪師頌)

짚신 해지자 맨발로 달리니
콧구멍 밑이 곧 입이로다.
주장자 끝에 해와 달 돋으니
남쪽을 향해 북쪽을 본다.

鞋穿赤脚走 鼻孔下是口
杖頭挑日月 面南看北斗

□ 천동각선사송(天童覺禪師頌)

짚신 해어지면 맨발로 달리고
주장자 끝에 해와 달이 돋는다 함이여.
지문선사가 곧장 조사의 가풍을 얻어

운문의 넓고 긴 혀를 펼쳐놓았다.
큰 지혜는 어리석음과 같고
크게 교묘함은 못남 같도다.
공부를 다해 참구해도 사무칠 수 없으니
평평한 땅에 흙무더기 늘리지 말고
허공을 향해 쐐기를 박지 말라.

踏破草鞋赤脚走　柱杖頭上挑日月
智門直得祖家風　放出雲門廣長舌
大智如愚　大巧若拙
用盡工夫　叄不徹
莫於平地上增堆　休向虛空裏釘橛

□ 학담(鶴潭) 평창송(評唱頌)

四諦本空修不修　全修卽性卽頓悟
汚染不得無不修　全性起修卽頓修

性修不二悟卽修　途中家裏事不別
常憶江南三月裏　鷓鴣啼處百花香

사제가 본래 공해 닦되 닦지 않으니
온전한 닦음이 곧 성품이라
이것이 바로 단박 깨침이네.
물들어 더럽히지 않으나 닦지 않음 없으니
온전한 성품이 닦음 일으킴이라

이것이 바로 단박 닦음이네.

성품과 닦음 둘 아니면 깨침이 곧 닦음이니
길에 감과 집안 속 일이 다르지 않음이여
늘 강남땅 따뜻한 삼월을 생각함에
자고새 우는 곳에 백 가지 꽃 향기롭네.

○ 경의 본문

지혜가 없고 얻음도 없다.

無智亦無得

□ 단하순선사송(丹霞淳禪師頌)

문을 나서지만 온 세계에 나를 아는 이 없고
방에 들어 눈을 크게 떠도 어버이를 못 보네.
빈 방에 밤이 차가운데 어떤 것이 있는가.
푸른 하늘 밝은 달이 이웃하도다.

出門徧界無知己 入戶盈眸不見親
虛室夜寒何所有 碧天明月頗爲鄰

□ 학담(鶴潭) 평창송(評唱頌)

本自具足何漸證 無智無得無不得

無所得處如是現　落花流水法界音

彌勒彈指亡所得　方見普賢眞消息
透得聲色皆圓通　念念法界行普賢

본래 스스로 공덕을 갖춰 있는데
어찌 차츰 닦아 얻을 것인가.
지혜 없고 얻음 없고 얻지 않음 없도다.
얻을 바 없는 곳에 이와 같이 드러나니
지는 꽃 흐르는 물이 법계의 소리이네.

마이트레야 보디사트바 손가락 튕길 때
선재동자 얻은바 경계 모두 없어져서
바야흐로 보현의 참된 소식 보았도다.
소리 빛깔 꿰뚫어서 모두 두렷 통하니
생각 생각 법계요 행함은 보현이네.

○ 경의 본문

얻을 바가 없으므로 보디사트바는
프라즈냐파라미타를 의지하여
마음에 걸림이 없고
걸림이 없으므로 두려움이 없어
온갖 뒤바뀐 헛된 생각을 멀리 떠나
니르바나를 마쳐 다하게 된다.

以無所得故 菩提薩埵 依般若波羅蜜多故

心無罣礙 無罣礙故無有恐怖
遠離一切顚倒夢想 究竟涅槃

□ 단하순선사송(丹霞淳禪師頌)

하늘땅이 모두 다 황금의 나라이니
온갖 것이 깨끗하고 묘한 몸 온통 드러낸다.
왕의 딸이 바람을 등짐에 잘하고 못함 없고
신령한 싹이 꽃이 핌은 봄을 알지 않네.

乾坤盡是黃金國 萬有全彰淨妙身
王女背風無巧拙 靈苗花秀不知春

□ 학담(鶴潭) 평창송(評唱頌)

般若行處無所得 諸法非有亦非無
心本無心境亦忘 岩下水聲寂然聽

心境俱亡空亦空 解脫妙用常現前
心無罣礙遠離妄 解脫寂滅常湛然

반야를 행하는 곳 얻을 것이 없으니
모든 법은 있음 아니고 또한 없음 아니네.
마음에 본래 마음 없고 경계 또한 잊었으나
바위 밑 물소리를 고요하게 듣도다.

　　마음 경계 사라지고 공 또한 공하니
　　해탈의 묘한 작용 언제나 현전하네.
　　마음에 걸림 없고 헛됨을 멀리 여의니
　　해탈이 다시 고요하여 늘 맑고 맑도다.

○ 경의 본문

　　과거 현재 미래의 모든 붇다들도
　　프라즈냐파라미타를 의지하므로
　　아누타라삼약삼보디를 얻는다.

　　三世諸佛 依般若波羅蜜多故 得阿耨多羅三藐三菩提

□ 수산주선사송(修山主禪師頌)

　　범부의 법을 갖추었지만
　　범부가 앎 없이 알지 못하고
　　성인의 법을 갖추었지만
　　성인은 앎으로 알지 않는다.
　　성인이 만약 앎으로 안다면
　　성인이 곧 범부요
　　범부가 앎 없이 안다면
　　범부가 곧 성인이로다.

　　이 말이 한 진리 두 뜻 갖췄으니
　　사람들이 밝혀내면 붇다의 법 가운데

들어갈 곳 있음을 막지 않지만
만약 밝히지 못한다면
의심하지 않는다 말하지 말라.

具足凡夫法 凡夫不知
具足聖人法 聖人不會
聖人若會 卽是凡夫
凡夫若知 卽是聖人

此語具一理二義 若人辨得
不妨於佛法中 有个入處
若辨不得 莫道不疑

□ 해인신선사송(海印信禪師頌)

여러분!
범부와 성인을 떠난 한 구절은 어떻게 말하는가.
만약 말한다 해도 오히려 아직 길 가운데 있다.
만약 알지 못한다면 천태와 남악에 오가는 데 맡겨둔다.
(살펴 들어가라.)

諸仁者 離凡聖外一句 作生道
若也道得 猶在半途
苟或不知 一任天台南岳 (祭)

□ 학담(鶴潭) 평창송(評唱頌)

三世心法皆空寂　不取不捨號諸佛
三世所有一切法　佛念念中皆現前

諸佛不住去來今　三世恒轉妙法輪
佛智如空無分別　妙音宣暢廣度衆

삼세의 마음과 법 다 공적하므로
취하고 버리지 않음 붇다라 하니
삼세에 있는바 온갖 모든 법들은
붇다의 생각생각 가운데 현전하네.

모든 붇다들께선 과거와 미래
현재에 머물지 않으시지만
삼세에 늘 묘한 법바퀴를 굴리시고
붇다 지혜 허공과 같아 분별 없지만
묘한 음성 드날려 널리 중생 건지네.

○ 경의 본문

　　그러므로 프라즈냐파라미타
　　이 크게 신묘한 진언이며
　　크게 밝은 진언이고 위없는 진언이며
　　평등함이 없이 평등한 진언이라
　　온갖 괴로움을 없애
　　진실하여 허망하지 않음을 알라.

그러므로 프라즈냐파라미타의 진언을 설하리라.

가테 가테 파라가테 파라삼가테 보디스바하.

故知般若波羅蜜多 是大神呪
是大明呪 是無上呪 是無等等呪
能除一切苦 眞實不虛
故說般若波羅蜜多呪 卽說呪曰

羯諦羯諦 波羅羯諦 波羅僧羯諦 菩提薩婆訶

□ 법진일선사송(法眞一禪師頌)

다섯 쌓임 열여덟 법의 영역에 있지 않고
마음으로 경계를 붙잡지도 않나니
어찌 가운데와 두 가에 머물러 있겠는가.
이 같은 경 천억 권을 늘 굴려 읽으나
일찍이 한 글자도 말함에 떨어지지 않도다.

不居陰界不攀緣 豈在中間及二邊
常轉是經千億卷 曾無一字落言詮

□ 학담(鶴潭) 평창송(評唱頌)

神妙般若大總持 非色非心亦不離
是卽般若解脫行 法界文字常不壞

受持行者常觀察 初聲不生何有滅

如是了知遠離妄　常步法界度幻衆

신묘한 프라즈냐의 큰 다라니는
물질도 아니고 마음도 아니며
또한 물질과 마음 떠나지도 않네.
이것이 곧 프라즈냐의 해탈행이니
법계인 문자는 늘 무너지지 않도다.

다라니 받아 지녀 행하는 자가
이 다라니문자 늘 살펴본다면
첫 소리가 일찍이 남이 아니니
어찌 소리에 사라짐이 있으리.
이와 같이 밝게 깨달아 알아
허망함을 멀리 여의게 되면
늘 법계의 땅 가운데 거닐며
널리 허깨비 중생 건네주리라.

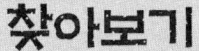

찾아보기

『반야심경통석』을 풀이한 학담(鶴潭)스님은 1970년 도문화상(道文和尙)을 은사로 출가하여 동헌선사(東軒禪師)의 문하에서 몇 년의 선 수업을 거친 뒤 상원사, 해인사, 봉암사, 백련사 등 제방선원에서 정진하였다.

스님은 선(禪)이 언어적 실천, 사회적 실천과 둘이 아닌 창조적 선풍을 각운동(覺運動)의 이름으로 제창하며, 용성진종선사 유업계승의 일환으로 서울 종로에 대승사 도량을 개설하고 역경불사를 진행하여 『사십이장경강의』『돈오입도요문론』『원각경관심석』『육조법보단경』『법화삼매의 길』등 많은 불전 해석서를 발간하였다.

시대의 흐름에 맞는 새로운 선원과 총림 개설을 위해 도량을 양평 유명산(有明山)으로 이전하며 화순 혜심원 진각선원(眞覺禪院) 오성산 낭오선원(朗晤禪院) 도량불사를 진행중에 있다.

반야심경통석(般若心經通釋)

풀어쓴 이	학 담 (鶴潭)
펴 낸 이	배 환 우
편 집 기 획	백경희 홍창회
펴 낸 곳	도서출판 큰 수 레

초판인쇄일 2013년 11월 20일
초판발행일 2013년 11월 29일

주　　　소 서울시 종로구 운니동 65-1 월드 601호
전　　　화 02-764-3678
팩　　　스 02-3673-5741
이 메 일 daeseungsa@hanmail.net
출 판 등 록 101-90-22365 (2000. 8. 10)

값 13,000 원
ISBN 978-89-87258-36-2 04220

* 잘못 만들어진 책은 구입하신 곳에서 바꿔드립니다.

큰수레는 나만의 행복과 번영을 추구하는 작은 수레가 아니라 모두의 행복과 번영, 해탈과 자재를 추구하며 이땅의 불국정토를 꿈꾸는 크나큰 진리의 수레입니다.
　큰수레출판사는 '각운동(覺運動)' '보현행원운동(普賢行願運動)'의 차원에서 '대중선' '경전 읽기' '믿음과 실천' '사상신서' '산방수필' '용성과 각운동'의 편제로 불교사상과 수행관을 새롭게 해석하여 대중에게 회향해가려 합니다.